오늘, 남편이 퇴직했습니다

사모님 소리 듣던 28년차 전업주부,
하루아침에 집안의 기둥이 되다

오늘, 남편이 퇴직했습니다

박경옥 지음

나무옆의자

남편을 바꿀 수 없어,
나를 바꿨습니다

이 세상에 새로운 책은 없다. '퇴직'에 대해서도 마찬가지다. 서점에 나가 보면 수많은 퇴직 관련 책들이 눈에 띈다. 그럼에도 다른 퇴직 책이 필요할까? 책을 내기 직전까지 이 책이 꼭 필요한 이유에 대해 끊임없이 고민했다.

시중에 출간된 퇴직 책들을 나름 꼼꼼히 둘러봤다. 95% 이상이 남자 본인 입장에서 쓴 터라 아내나 그의 가족이 무슨 생각을 하는지 알기 어렵다. 또한 은퇴를 연구하는 기관에서 나온 책들은 이론적인 내용이 주를 이룬다. 이 책은 퇴직자 남편과 살아가는 '아내'의 생생한 목소리를 들려준다. 퇴직을 '당한' 부부가 전심을 다해 달라지는 과정에 대한 내용이다.

퇴직을 '당했다'고 표현하는 이유가 있다. '남편이 언젠가 퇴직하겠지' 언제나 예상은 했지만 실질적으로 생각해본 적은 없다. 제대로 고민해본 적이 없으니 대책도 없었다. 속수무책으로 당한 퇴직 이후 한동안 은퇴남편증후군을 앓았다. 20년 넘게 가족을 위해 고생해온 남편인데, 그런 남편을 머리로는 이해하면서도 같이 붙어 있는 시간이 길어질수록 너무나 힘들고 우울했다. 우울감에서 벗어나고자 남편의 재취업을 위해 1년을 함께 시도했다. 그리고 알게 됐다. 50대 이후 같은 분야로의 재취업은 로또 1등만큼 어렵다는 것을….

남편 퇴직 후 1년간 수입이 없었는데도 현실을 인정하기 싫었다. 현실을 인정하면 달라져야만 한다는 게 부담스러웠다. 예전처럼 살고 싶다는 마음이 들러붙어 있었다. 하지만 2년 후 퇴직금 우물이 마르자 은퇴남편증후군마저 사치스러운 지경이 됐다. 먼저 의식주를 줄였다. 흠집이 난 과일을 고르고, 음식을 적게 먹고, 작은 집으로 이사했다. 그래도 생활비는 턱없이 부족했다.

일을 해야 하는데, 어떤 일을 할 수 있는지, 어떻게 알아봐야 하는지 몰라 답답했다. 그때 서울 50플러스센터에서 첫 생애설계 상담을 받았다. 상담 선생님은 본인의 퇴직 경험에서 우러나온 진심어린 조언을 해줬다. "남편을 바꿀 수는 없습니다. 먼저 아내분이 하고 싶은 일을 적극적으로 찾으세요." 그의 조언 덕분일까. 50플러스센터 '열린 학교'에서 무료 강의를 시작해

지금은 분노조절, 동의보감 강사가 됐다.

내가 일을 하자, 남편도 바뀌었다. 그것도 낮에는 대학에서 공부를 하고, 밤에는 물류센터에서 택배 분류 일을 하는 '주독야경'으로 말이다. 퇴직하고 놀면서 "천국이야, 천국!"이라는 말을 입에 달고 살던 남편이 지금은 일이 있는 "천국"에서 하루 6시간 서서 땀 흘리는 노동을 한다.

부부는 경제 공동체다. 부부가 함께 기둥을 받쳐야 가정이 무너지지 않는다. 퇴직 이후에는 기둥을 받치는 힘이 기울면서 경제 문제로 부부갈등을 많이 겪는다. 부부갈등을 줄이는 방법은 무엇일까? 이 책은 크게 세 가지에 중점을 두었다. 첫째, 퇴직 이후 아내가 집안의 기둥이 되어 주체적으로 움직이는 법, 둘째, 퇴직 후 인생의 핵겨울이 찾아왔을 때 살림 규모를 줄이는 법, 셋째, 50대 이후 돈이 적게 있어도 즐겁고 건강하게 사는 법이다.

퇴직 후 안정은 없다. 혹여 그런 인생이 있을까 무지개를 찾아 헤맸는지도 모른다. 남편은 대기업 임원에서 육체노동자가 됐다. 퇴직자 모두가 육체노동을 하라는 뜻은 아니다. 하지만 눈높이를 낮추니 분명 다른 분야가 보인다. 이 책은 정답을 찾았다기보다 가능성을 찾는 과정을 기록한 것에 가깝다. 이 책으로 누구나 자신만의 가능성을 찾을 수 있기를, 그런 응원을 전할 수 있기를 바란다.

구구절절한 내 이야기를 진지하게 들어주고 피드백해준 분들 덕분에 이 책이 나오게 됐다. 절실하게 질문하면 우주가 돕는다. 나에게 우주는 바로 내 옆에 있는 사람들이다. 그분들에게 진심으로 감사드린다.

-2019년 여름, 박경옥.

차
례

퇴직 후
인생의 핵겨울이
찾아왔다

PART 1

퇴직은 태풍처럼
몰아친다

퇴직은 마치 여름에 불어오는 태풍과 같다. 봄날 돋아난 여린 잎이 한창 무성해질 때 찾아오는 태풍은 논밭을 휩쓸고, 산을 할퀸다. 태풍이 지나간 자리엔 속살이 드러난다. 태풍을 미리 예상해 둑을 튼튼히 정비한 경우는 그나마 낫다. 하지만 갑작스런 태풍을 예상하기 어렵듯 대부분의 퇴직자들은 별다른 대비 없이 '자리를 빼야 한다'고 통보 받는다. 잘 자라고 있는 벼를 물고랑으로 확 밀어버리듯 충격적이다. 주변에 퇴직한 어느 지인은 3주 동안 앓아누웠다고 한다. 머리를 망치로 얻어맞은 듯한 느낌이 들었다는 사람도 있다.

남편 퇴직 후 바뀐 일상에 대해 유튜브채널 '이야기보따리 TV'에서 K감독과 인터뷰한 적이 있다. 퇴직자 아내로서 바뀐 삶을 포장 없이 말했다. 그 인터뷰를 하고 난 후 주변에서 이런 저런 이야기를 많이 들었다. "솔직하다. 낯설다. 남편이 여태 벌었는데 당신 참 이기적이다. 우리 집 이야기 같다"고. 그 후 퇴직자와 그 가족에게 더 많은 관심을 갖게 됐다. K감독과의 인연이 퇴직자 영상 프로젝트를 돕는 쪽으로 이어졌다. K감독이 시사회에 초청했다. 10명의 남성이 퇴직 직후의 심정을 쏟아냈다. 그중 80% 이상이 "퇴직한다는 생각은 막연히 들었다. 하지만 '나'에게 그렇게 빨리 다가올 줄 몰랐다. 준비를 못했다"고 말했다.

인터뷰한 10명은 주로 화이트칼라 관리직이었다. ○○지점장, ○○책임자 등 일선에서 실적이 한창 좋았을 때 퇴직 통보를 받았다. 실적이 좋아서 '나는 아닐 거야'라 생각했다고 한다. 그런 사람일수록 퇴직 통보에 많이 휘청거린다.

남편은 퇴직을 두 번 했다. 첫 번째는 53세 되던 때다. 대기업 임원으로 2년 일하고 회사를 나왔다. 임원은 임시직원이다. 다음 해 임원명단에 없으면 명퇴다. 우리 부부는 그 해 퇴직을 예상했다. 당시 남편은 지점장으로 있었는데 그 자리는 실적이 좋은 것과 상관없이 2년 후 집으로 가야 하는 자리였다. (예전의 지점장들도 거기서 1~2년 일한 후 퇴직 당했다) 하지만 그 사실을 알아도 특별한 대책이 없었다.

대책 없기의 끝판은 이렇다. 회사 융자 받아 강매로 샀던 우리

사주, 나올 때 당연히 현금으로 갚았다. 임원으로 있을 때 그 주식을 마음대로 팔지 못했다. 미래 대비로 가지고 있었지만 2년 후에 회사가 공중분해 되어 없어지면서 휴지 조각이 됐다. 글로벌한 대기업이라 없어지리라곤 생각을 못했다. 기울어지는 변화의 신호는 왔지만 둔감했고 미래를 준비하는 데 게을렀다. 회사가 없어지자 임원으로 일할 때 받았던 돈은 다 날아갔다. 대기업에 다녔고 임원을 했다는 빛바랜 간판만 남았다.

남편은 3개월을 잘 놀았다. 아침 6시에 일어나 회사에 가지 않으니 "천국 같아, 이렇게 좋은 세상이 있다니! 난 27년간 열심히 일했어. 좀 쉬어도 되지"라며 좋아했다. 그때는 회사에서 명퇴시키고 1년간 생활비를 주었으니까 나중에 올 핵겨울을 예상하지 못했다. 줄곧 임원 사모님으로, 전업주부로 살아온 터라 나 역시 어떻게 살아야 할지 계획을 세우지 못했다. (비겁한 변명)

다행이랄까, 남편은 예전 인맥을 살려 5개월 만에 중소기업에 들어갔다. 큰 프로젝트를 맡았는데 회사의 미래 먹거리를 좌우하는 일이었다. 1년을 외국회사와 협력하기 위해 뛰었는데 마지막 계약 성사 단계에서 외국계 회사가 발을 뺐다. 남편은 그 회사에서 할 일이 없어졌다. 곧바로 권고사직됐다. 좀 쉬고 다시 일할까 했지만 그건 꿈에 불과했다. 야인으로 돌아가야 하는 시기가 온 것이다.

퇴직자들은 퇴직 후 여러 단계를 거친다. 처음엔 강하게 부정하고 억울해한다. 그 시간이 지나면 뭔가 할 것 같아 아이디어를 낸다. 남편은 퇴직 1년 됐을 때 "왕십리 6차선 대로변 괜찮은 빌딩에 사무실을 낼까" 하고 말한 적이 있다. "아서라, 아니 되옵니다" 하고 말렸다. 퇴직 후에는 돈과 시간이 있는데 '이불 밖은 위험해'라는 말처럼 '집 밖은 위험'하다. 돈이 있을수록 더 위험하다. 남편처럼 아이템도 콘텐츠도 없이 사무실을 내고 싶다는 모래성을 쌓는다. 모래성을 쌓다가 허물어지면 무엇도 할 수 없다는 절망이 온다. 숨이 막히는 듯한 터널증후군을 한동안 겪는다. 이런 과정을 겪고 나면 돈(핏줄)이 마르는 핵겨울이 온다.

그렇다면 퇴직이라는 큰 변화에서 살아가는 방법은? 미안하지만 특별한 방법은 없다. 부사장을 지내고 60대에 퇴직한 남성이 "제주도 ○○호텔 잔여구좌 특별 분양"이라는 신문광고를 보고 이런 말을 했다. "사람들은 자신이 특별 대접을 받기를 원하지만 잔여구좌에도 들어가지 못해요. 특별한 대접을 받으려는 그 마음을 이용하는 사람이 많죠."

특별함을 기대하지 않고 살아가는 방법은? 바로 회복탄력성이다. 이른바, 휘어지되 부러지지 않다. 퇴직 충격에 쓰러지지 않다. 기대하지 않으면 쓰러지지 않는다. 누구에게도 기대하지 마라. 그러면 첫 번째 단계를 훌륭하게 보낸 것이다.

두 번째는 모색 단계다. '내가 뭘 할 수 있지? 어떤 일이 궁금하지? 어떤 공부가 재미있지?' 하며 찾는 시기다. 사람에 따라 기간은 다르지만 1~2년 정도 걸린다. 일이 없어도 어영부영하면 1년이 금방 지나간다. 기간이 길어지면 노는 게 습관이 될 수 있다. 또한 자존감이 떨어지기도 하니 되도록 2년을 넘기지 않게 주의한다.

세 번째 단계는 소명을 의식하는 단계다. '내가 할 수 있고 재미있는 일이 이거구나' 하며 길을 만들어가는 단계다. 태풍을 견디고 매달려있는 사과가 맛있듯 퇴직이라는 격랑을 견뎌내면 각자 삶의 깊은 맛을 찾아간다.

퇴직은 태풍처럼 찾아온다. 태풍에 부러지지 않고 살아남으면 가을이 온다. 가을은 추수하고 감사하는 시간이다. 자신의 경험을 나누고 더불어 살아가야 할 시기다. 인생의 각 단계마다 큰 고비가 있다. 퇴직 태풍은 인생 후반기에 큰 생채기를 남긴다. 하지만 고목은 생채기가 있어도 아름답다. 생채기가 있어서 더 깊이가 있다.

[퇴직 태풍 대비 Tip]

휘어지되 부러지지 않는다

내가 좋아하는 것, 잘하는 것을 찾는다

소명을 의식하고 나의 길을 만든다

"남편이 퇴직했어요"
알리면 좋은 점

    남편 퇴직 후 초기에는 아무에게도 퇴직 소식을 알리지 않았다. 가장 친한 친구에게도 한 달 정도는 말하지 않고 지냈다. 그러다 친구와 오전에 커피를 한 잔 하려고 하니 남편이 집에 있어 불편했다. 친구를 데려올 수 없었다. 할 수 없이 공원 산책 후 친구에게 고백했다. 남편이 집에 있어 커피와 수다는 생략하고 집에 가봐야 한다고.

    친구에게 말한 후 모임에 가거나 배우는 곳에 가면 "남편이 퇴직했다"고 말했다. 고향에 있는 어머님과 형제에게도 알렸다. 어머님께는 "아범이 퇴직했습니다. 예전의 생활비를 줄여서 보내드리겠습니다"라고 말했다. 형제들에게도 지금까지 해왔던 각자 책임을 확인했다. 이제 퇴직했으니 27년간 우리가 부담해왔던 어머님 생활비를 나눠 내고 싶었다. 하지만 이 부분은 조율이 참 어렵다. 돈을 줄이는 일은 늘려가는 일보다 고통스럽고 쪼잔하게 느껴진다.

병을 자랑해야 주변 사람들이 낫는 방법을 알려 주듯 퇴직도 마찬가지다. 자신이 퇴직했다고 알려야 퇴직 후에 필요한 정보를 얻을 수 있다. 구청에서 '행복학습매니저' 교육을 받을 때 "남편이 퇴직했어요"라고 말한 게 도움이 됐다. 같이 교육받는 동료 중에 실업급여를 최근에 신청하신 분이 있었다. 그 분이 받는 방법을 잘 알려 주었다.

남편 퇴직사유가 어떻게 쓰여 있는지에 따라 실업급여를 받고 못 받고 차이가 난다고 한다. 얼른 남편 전 회사 인사담당자에게 확인했더니 아니나 다를까, 퇴직사유가 우리에게 불리하게 되어 있었다. 회사 투자 규모 축소로 '강제퇴직', 권고사직됐는데 자발적으로 퇴직한 것처럼 되어 있었다. 퇴직사유를 수정해서 실업급여를 받았다.

퇴직 후 부부가 먼저 확인할 일이 있다. '부부는 경제공동체'라는 강한 연대의식이다. 당장의 경제력 확보를 위해서라도 적극적인 부부 협력이 필요하다. 실업급여 받는 조건과 돈 나올 곳, 지출할 곳을 두 사람이 머리 맞대고 따져봐야 한다. 치사하게 따진다는 생각은 도움이 안 된다. 내일배움카드를 어떻게 쓰는지, 실업자를 위한 교육을 어디서 받을 수 있는지를 체크해야 한다. 내 남편처럼 퇴직사유가 뭐라고 쓰여 있는지도 모르고 퇴사하는 사람이 분명히 있다. 회사를 나와 보면 안다. 실업급여 받고 안 받고가 얼마나 차이가 나는지. 일정한 수입은 가족에게 핏줄이자 생명줄이다.

퇴직 전 조직 속에 있을 때는 시스템 안에서 보호받았다. 이제 울타리는 없다. 가시덤불이 뒹구는 벌판으로 나왔다. 일단 살아남으려면 물(돈)이 필요하다. 물은 퇴직이라는 바뀐 환경에서 한동안 견딜 수 있는 생명수이다. 그 생명수도 자녀교육비, 생활비 등 기본비용으로 금방 바닥이 난다. 국민연금이 대안이 될까? 50대에 퇴직하면 국민연금을 받기까지는 10년 이상 걸린다. 그마저도 60세까지 꼬박꼬박 넣어야 65세 이후 받을 수 있다. (지급시기가 바뀔 수 있음) 연금 넣는 것이 노후 대비용 지출인데 그런 비용을 내기에도 숨이 찬다.

남편 덕분에 매달 나오는 월급으로 안락하게 살았다. 남편이 계속해서 잘나간다며 퇴직했다는 사실을 말하지 않고 우아하게 살고 싶었다. 하지만 현실을 외면한다고 방법이 생기는 건 아니다. 오히려 남편이 퇴직했다고 말함으로써 정보를 얻고 실업급여를 받을 수 있었다. 있는 그대로를 인정하라. 퇴직했다고 솔직하게 말하라. 퇴직 후 한동안 충격이 온다. 남편 퇴직은 아내가 주눅 들거나 부끄러워 할 일이 아니다. 주눅 들지 말자. 숨 고르기 한 후 다시 신발 끈을 매자. 상황이 바뀔 때 아내가 적극적으로 공부해야 권리를 찾을 수 있다. 물론 퇴직당사자가 철저하게 준비하면 금상첨화다.

[남편 퇴직 후 아내가 할 일 Tip]

남편 퇴직으로 아내가 주눅들 필요가 없다

퇴직 사실을 알려 정보를 얻는다

아내가 적극적으로 퇴직 후를 공부한다

6개월간의 착각
"다시 취업할 수 있을 거야"

"나는 녹슬지 않았어. 내가 적임자야" 남편은 퇴직 후 6개월 간 아주 허세 작렬 부푼 풍선 같았다. 재취업을 확신했다. 풍선 에 빵빵하게 바람을 집어넣은 사람은 사실 나다. 흑심을 가지 고 남편을 추켜세웠다. 그러니 남편은 예전에 했던 일로 돌아 갈 수 있다고 자신감 충만했던 것이다. 심지어 예전 임금 수준 을 유지하거나 더 많이 받을 수 있을 거라는 착각까지. 나도 그 랬다. 남편이 20년 이상 영업맨으로 일했으니 믿고 싶었다. 어 느 곳이든 재취업이 가능하다고.

앞서 이야기했듯 남편은 두 번째 회사에 1년 다닌 후 권고사 직됐다. 퇴직 후 자기소개서를 열심히 썼다. 영업 경력이 많아 금방 다른 곳으로 갈 수 있으리라 자신했다. 예전 인맥을 동원

오늘, 남편이 퇴직했습니다

해서 관련업계 책임자로 가려고 면접도 봤다. 사장 면접까지 봤지만 입사는 못했다. 헤드헌팅업체에도 등록하고 기다렸지만 1년이 지나도 연락이 오지 않았다.

실력이 월등하면 중년 취업시장에서도 재취업이 얼마든지 가능하지 않을까? 아는 분이 오랫동안 해외법인장을 해서 영어가 능숙하다. 우리나라 최고의 학력이다. 그 분은 '나는 다시 일할 수 있어. 가족에게 아직 내 힘이 필요해'라고 생각했다. 자녀가 예비예술가라 이름나기 전까지 부모의 뒷받침이 필요하기 때문이다. 그래서 자신에게 알맞다고 생각한 곳에 계속 이력서를 냈다. 공사나 회사 중역, 사장 자리 뽑는 곳에 냈다. 3배수에 합격해서 면접까지 갔다. 하지만 최종 합격은 안 됐다.

스펙 좋은 사람이 합격 안 되는 이유가 무엇일까? 생각해보면 간단하다. 전 직장에서의 스펙은 화려할지도 모른다. 하지만 '전직하려고 하는 분야에 기여한 적이 있는가?' '그 분야와 관련 있는 유력 인물들에게 도움을 준 적이 있는가?'와 같은 것도 고민해봐야 한다. 그런 조건이면 대접받고 들어갈 수 있을 것이다. 하지만 해외에서 많은 시간을 보냈다면 상대적으로 한국에서 인맥이 약하다. 인맥은 대체로 기여도에 따른다. 하지만 사람들은 눈에 보이는 본인 스펙이면 가능하다고 생각해서 계속 취업 지원을 한다. 바둑 두는 사람과 비슷하다. 훈수 두는 사람보다 상황을 넓게 보지 못한다.

그럴 때 가까운 사람이 훈수를 두어 좁은 시야에서 빠져 나오게 해야 한다. 가장 가까운 아내가 현실을 얘기해주면 좋을 텐데 퇴직 초기엔 그런 마음이 안 생긴다. 남편이 집에 있는 상황이 불편해 어서 나가면 좋겠다는 마음이 먼저다. 직설적으로 표현은 못하지만 얼른 취업하면 좋겠다고 포장한다. 우리 부부도 퇴직 후 6개월까지는 희망을 갖고 취업에 적극적이었다. 어쩌면 아내인 내가 연락오기를 더 간절히 기다렸다. 남편과 같이 있는 시간이 길어질수록 자유가 없어졌기 때문이다. 빨리 일하러 보내고 싶은 마음에 자기소개서 쓸 때 오타가 없는지 문맥은 맞는지 꼼꼼하게 봐주었다.

눈 떠 보니 실업 2년째였다. 그때 남편은 동양학과 1학년으로 공부하면서 일을 찾았다. 구청에 같이 갔다가 일자리지원센터 앞을 지나게 되었다. 게시판에 보니 통역을 구했다. 외국을 다니는 무당이 통역 겸 비서를 뽑는 자리였다. 러시아나 중앙아시아로 국제적인 굿할 때 동행하는 일이었다. 남편을 설득했다. "당신 영어 잘하죠, 외국에서 주재원 했죠. 동양학 공부하고 있죠. 적임자예요, 적임자." 남편은 썩 내키지 않아 했지만 예전 이력서를 조금 고쳐 썼다. 그런데 잠깐 외출한 사이 남편이 이메일을 보냈다.

"연봉을 얼마로 썼어요?"

"예전 연봉 그대로 썼어."

아뿔싸~. 상대방 눈높이는 생각도 하지 않고 본인 생각대로. 허걱! 무당이 통역에게 그만한 월급을 주려면 한 달에 굿을 얼마를 해야 하냔 말이다. 이렇게 대기업 사고방식에 절어 세상 물정 모르는데 누가 오라고 하겠는가. 2년이 지나자 우리 부부는 인정하게 됐다. 다른 직장 잡기는 로또1등보다 더 어렵다는 것을.

취업에 대한 기대감을 갖는 건 시간만 낭비하는 게 아니다. 더 벌어올 수 있다는 환상 때문에 생활비를 줄이지 못한다. 우리 집은 남편 수중에 퇴직금이 있을 때 예전 소비 습관을 유지했다. 하지만 세월의 무게 앞에 2년을 버티지 못했다. 통장에 있던 돈은 풍선 바람 빠지듯 새나갔다. 해외법인장을 지냈던 지인은 생활비를 줄이지 못해 집을 팔았다. 큰 배가 침몰하는 것 같은 현상이 일어났다. 가정이 침몰하지 않으려면 작은 구명정에라도 옮겨 타서 노를 저어야 살 수 있다.

다시 일을 하고 싶으면 솔직하게 생각해보라. 이력서 낸 분야에 얼마나 기여했는지. 그 분야 사람을 잘 알고 있는지. 그 일을 한다면 어떤 어려움(외풍, 내풍)을 막아낼 수 있는지. 그렇게 할 수 있다면 가능하다. 그렇지 않다면 들어가도 6개월 정도다. 오래 있지 못한다. 예전과 같은 월급과 대우를 받는 직장은 단언컨대 없다. 있는 그대로의 현실에 눈떠야 현재를 살 수 있다. 예전 직장은 아득한 전생이다. 전생의 꿈을 깨야 현재 생활이 보인다. 현재를 있는 그대로 보아야 새로 시작할 수 있다. 이럴 때 부부가 같이 꿈에서 깨는 일심동체가 필요하다!

[부부가 알아차려야 할 3가지 Tip]

취업에 대한 기대감은 소비를 줄이지 못하게 만든다

예전 직장은 아득한 전생이다

현재를 있는 그대로 보아야 시작할 수 있다

오늘, 남편이 퇴직했습니다

퇴직 쓰나미가
지나간 후

꽃을 보았다. 음식물 쓰레기를 버리러 가는 길에 보았다. 분홍색 명자꽃이 동글동글 앙증맞게 피어있다. 노란 생강꽃은 이미 피었다. 아~ 봄이다! 하지만 최근 5년 동안 꽃놀이를 가본 기억이 없다. 꽃은 외출했다 집으로 돌아올 때, 분리수거하러 갈 때 아파트 단지 안에서 보는 것으로 만족했다. 빌라로 이사를 온 후로는 집 근처에 꽃이 없다. 집 주변엔 70년대 철공소 같은 작은 공장이 있다. 재활용되는 금속을 모아서 제철소에 보내는 집하장이 이웃이다. 퇴직 전에는 이런 환경에서 살 거라고 예상을 못했다. 준비 없는 퇴직은 어디서 살지 예측할 수 없게 만든다.

어떤 50대 초반 남성이 퇴직을 '룰루랄라 자유다' 하고 원하는 사람이 있을까? 물론 예외도 있겠지. 그동안 주식으로 돈을 벌었거나 부동산 재테크를 잘했거나 부모님께 상속받을 부동산이 있다면 퇴직이 가벼울 수 있겠다. 하지만 준비하지 않은 퇴직은 공황상태와 비슷하다. 그렇게 퇴직한 사람이 맞이하는 어려움은 무엇일까? 배신감, 박탈감, 건강 이상, 무기력증, 등 여러 가지다. 다른 어려움은 뭐가 있을까?

그건 바로 예전과 비슷하게 살 수 있다고 생각하는 마음이다. 그중 강력한 신념을 하나 꼽자면 누구나 '재취업을 할 수 있다'고 생각한다. 물론 만에 하나 가능할 수도 있다. 하지만 예전의 월급과 대우를 받을 수 있는 곳은 99% 없다. 남편이 처음 53세에 대기업 임원에서 퇴직했을 때는 여유가 있었다. 부부가 함께 7박 8일 해외여행도 다녀왔다. 5개월 후 중소업체에 입사했고, 1년 6개월 일하고선 또 퇴직하게 됐다.

다시 취업하려고 헤드헌터에 자기소개서를 보내고 관련 업체 사장님에게 메일을 보냈다. "저는 당신 회사의 이익을 ○○% 이상 올려줄 수 있습니다"라고 자신 있게 썼다. 하지만 헤드헌터 업체에서는 어떤 연락도 오지 않았다. 답답해서 홈페이지에 들어가 보았다. 50대 이상 관리자를 모집하는 분야는 거의 없었다. 관련 업체에서는 기존 임원들이 다른 외부 인물이 들어오는 것을 원하지 않았다. 생각해보라. 새 인물이 들어와서 일을 잘하면 자신의 자리(밥그릇)가 없어질 수도 있는데 누가 환영하겠

오늘, 남편이 퇴직했습니다

는가. 사장님이 지시하니 영입하려는 시도는 한다. 만나자고 하고는 약속을 차일피일 미룬다. 나중에야 '원하지 않는구나' 눈치를 챈다. 그 점을 알아채는 데 퇴직 6개월이 지났다.

다음은 친구, 지인 인맥을 이용하면 다시 취업이 될 거라고 생각했다. 이것도 계산 실수다. 친구가 사장, 회장이라도 자리를 마련해주지 않는다. 친구도 풀기 빠진 사장이거나 곧 퇴직해야 할 비슷한 처지다. 회장이라 해도 혼자서 좌지우지 할 수 없다. 그리고 친구가 들어오면 이것저것 지시내리기 편하겠는가? 이 점까지 깨닫고 나니 퇴직 1년이 후딱 지나갔다. 퇴직 후 1년 동안은 다행히 실업급여도 받고 퇴직금도 있으니 돈 쓰는데 부부갈등이 거의 없었다.

이런 과정에서 아내는 어떤 마음이었을까? 나는 전업주부였다. 사회에 나가면 단순노동을 해도 최저시급이다. 남편이 나가면 경력이 있으니 나보다는 더 받을 거라 생각했다. (내가 편하고자 하는 이기적인 계산법이기도 하다) 또한 남편은 큰아들이라 평생 부모님을 부양하고 있으니 당연히 남편이 다시 벌어야 한다고 생각했다. 국민연금 받을 나이는 아직 10년 이상 남았다. 곳간이 텅비면 어떡하나? 걱정이 밥을 만들어 내지는 못한다. 남편과 같이 일자리를 찾고 긍정적 피드백을 했다. 취업이 안될 때는 같이 속상했다.

속상한 마음만으로 퇴직 이후 일이 풀리지는 않는다. 이제 예전과 같이 살 수 없다. "남편은 퇴직 후 집에 있는 사람이다"라고 인정해야 실마리가 풀린다. 집에 있으면 있는 만큼 집안일을 해야 하는데 처음엔 습관을 못 고치고 가족에게 지시한다. 집에 있던 아내가 남편과 같이 있을 때 느끼는 불편함을 남편들은 잘 알지 못한다. 이럴 때일수록 솔직하게 표현하는 것이 방법이다. 좀 치우친다는 생각이 들어도 솔직하게 말하자. 아내가 차려주는 밥만 기다리면 안 된다고. 아내가 일을 하든 안 하든 이렇게 계속 살기는 힘들다고.

퇴직 쓰나미는 아내가 남편의 그늘을 뛰어넘을 수 있는 좋은 기회다. 50세 이후 남편 그늘에서 벗어나지 않으면 우울과 병에 시달리기 쉽다. 아내는 실수를 하더라도 바깥에 나가 세상과 부딪쳐야 한다. 어차피 실수 없이 완벽하게 살 수는 없다. 세상을 향해 목소리를 낼 용기를 내라. 말실수는 행동의 실수보다 뒷감당이 낫다. 처음엔 작은 목소리이지만 점점 힘이 생긴다. 말에 따른 행동을 하기 위해 열심히 하다 보면 실력이 점점 는다. 전문가가 된다. 남편이 나가기를 기다리지 말고 나의 실력이 쌓이는 걸 즐기자.

내가 아는 60대 중반 여성은 책 쓰는 데 25년이라는 세월이 걸렸다. 그동안 아이들을 계속 가르쳤다. 지금도 학생들을 지도하고 있다. 한 가지를 꾸준히 했기에 책을 쓸 수 있었다. 그녀는 남편 퇴직 후 인터뷰했던 유튜브 영상 속 내가 낯설게 보였다고 한다. 그녀는 2년 반이라는 육아 기간을 제외하고는 늘 일을 하고 돈을 벌었다. 남편에게 경제적으로 의존하지 않았다. 그래서 전업주부로 살아와 무의식적인 남성 의존증을 보이는 내 인터뷰가 낯설었다고 한다. 남편에게만 가정경제 책임을 지우는 게 이해할 수 없고 공감이 안 된다고.

그녀는 여자가 경제적으로 독립해야 한다고 말한다. 경제적으로 독립하면 퇴직 쓰나미가 와도 휩쓸려가지 않고 대피할 수 있는 힘이 있다고. 우리 집은 퇴직 쓰나미가 한 차례 지나갔다. 통장은 바닥을 찍었다. 하지만 온 가족이 빚 없이 잘 수 있는 따뜻한 집이 있다. 봄이 오면 집하장인 이웃에서 꽃가루가 아닌 쇳가루가 날린다. 미세먼지보다 몸에 좋지 않을 것 같은 쇳가루를 마시고 밖으로 나간다. 남편 퇴직 후 강의를 하고 사람을 만난다. 글을 쓰고 피드백을 받는다. 지인들과 나눈 대화가 모여 책이 되고 밥이 된다.

[퇴직 후 달라지는 점 Tip]

준비 없는 퇴직은 어디로 밀려날지 예측 불가능하다

관련 업체 관계자는 당신이 들어오는 것을 원하지 않는다

남편 퇴직은 아내의 경제 독립 기회다

내 마음에 잡초가 올라오다
-주말농사와 퇴직부부1

나무를 심는 식목일 즈음은 청명절이자 한식일이다. 청명절은 하늘도 맑고 물이 가장 맑을 때다. 이때쯤은 서울에서도 꽃놀이가 한창이다. 일주일에 두 번씩 오르는 남산 필동길에도 벗꽃이 휘날린다. 벗꽃이 비바람에 가면 그때부터 신록이 푸르러진다. 아침저녁엔 약간 춥지만 낮엔 가벼운 봄바람의 기운을 느끼며 기분이 상쾌하다. 이런 좋은 날씨에도 수시로 화가 나는 때가 있었다.

남편이 퇴직한 지 1년이 지난 때였다. 같이 집에 있게 되면서 사소한 일에도 서로 각을 세웠다. 많은 시간을 줄곧 붙어있으니 내 일이 안 풀려 화가 나는지 상대방이 옆에 있어서 그런지 분간이 안 갔다. 아니, 사리분별을 하기보다 옆 사람 탓을 하고

　　　　　　오늘, 남편이 퇴직했습니다

싶어졌다. 이런 마음을 잘 들여다보려면 어떻게 해야 할까? 달라진 환경 속에서 부부가 많은 시간을 같이 있으면서 덜 부딪힐 수 있는 방법이 있지 않을까?

인디언 속담에 "난관에 봉착했을 때 동쪽을 보고 생각하면 답이 나온다"고 했다. 음양오행에서 동쪽은 봄을 상징하며 목(木)의 기운이 가득해지는 때다. 우리 부부는 2012년 4월부터 주말농사를 지었다. 남편이 다니던 회사 복지팀에서 후원해 회사 부담 절반, 본인 부담 절반으로 시작했다. 처음엔 1년 계약으로 5평을 분양받았다. 스무 살 이전에 부모님 따라다니며 농사일을 했었고, 2011년엔 '도시농부 강좌'를 50시간 수강한 터라 자신이 있었다. 잘할 수 있으리라 생각했다.

직접 농사를 지어보니 5평도 쉽지 않았다. 실내에서 이론으로 듣던 것과 부모님 어깨너머로 배운 것과는 많이 달랐다. 첫해 봄, 고추 스무 포기를 심었는데 여름 장마 끝나고 다 죽었다. 농약을 안 뿌렸더니 고추가 전염병에 견디지 못한 것이다. 8월에는 김장 배추를 심었는데 농약을 안 쓰니 벌레와 진딧물로 배추가 자라지 못했다. 매일 배추를 들여다보며 벌레를 잡아주어야 하는데 그렇게 다니니 차비가 더 들었다. (비용으로 따질 수 없는 부분도 있지만) 배추 수확은 꽝~.

한 해를 쉬고 처음보다 햇빛이 더 잘 들어오는 10평 땅으로 바꾸어 작물을 심었다. 농부 학교에서 배운 대로 집에서 오줌을 받아 발효액을 만들었다. 그걸 들고 전철로 가서 고구마와 토란 심은 땅에 뿌렸다. 고구마가 내 손에 잡히고 토란알이 나올 때 '이게 재미지' 했다.

그런데 점점 시간이 흐르면서 문제가 생겼다. 주말농사는 한 번 시작하면 4월부터 10월까지 일요일 오전은 밭에서 일하고 오후엔 수확한 것을 집에서 정리해야 한다. 꼼짝없이 주말 시간을 바쳐야 한다. 남편이 실직한 후에는 승용차가 없는 상태라 작물을 거두면 전철로 실어오는데 힘이 들었다. 거기에 토요일마다 오전 9시부터 오후 6시까지 '감이당'에서 인문학 공부를 하던 터라 주말엔 쉴 틈이 없었다.

한 해 쉬어가야겠다 생각했는데 남편의 전 회사 복지팀에서 "올해 주말농사 하실 거예요?"라는 전화가 왔다. 남편은 덜컥 하겠다고 말했다. (명퇴했지만 주말농사는 가능)

"혼자 할 수 있겠어요?"
"혼자 해보지, 뭐."

과연 남편 혼자 주말농사를 할 수 있을까?

남편은 어릴 때 손에 흙을 안 묻히고 자랐다. (중학교 시절까지 부르조아^^) 그래서 나와 함께 몇 년을 도시농부로 일했어도 혼자서는 아직 잡초와 작물을 정확히 구분 못한다. 퇴직해서 시

오늘, 남편이 퇴직했습니다

간이 많아도 농장에 혼자 보낼 수가 없다. 또한 주말농사를 하면 다른 즐거움을 포기해야 한다. 일종의 선택과 집중이다. 우리 부부는 주말농사를 했던 3년 동안 일요일마다 매주 농장에서 일했다. 여름휴가도 주말농장에 있는 작물들을 생각해서 일요일에는 밭에 가는 일정을 짰다. 가을 단풍구경도 당연히 가본 적 없다.

일단 농사를 시작하면 일이 많든 적든 자주 가서 돌봐야 한다. 집과 떨어져 있으니 일주일에 한 번 가지만 밭은 계속 변화한다. 그 흐름을 따르지 못하면 잡초가 숲을 이루고 이내 "아~ 힘들어" 하고 포기하게 된다. 재작년의 우리 옆 밭은 분양받은 사람이 5월까지 오더니 발길을 끊었다. 그러자 바랭이와 비름, 명아주가 우거져 우리 밭으로 뻗어 왔다. 그것을 한 달 정도 지켜보다 견딜 수 없어 잡초를 모두 뽑고 거기다 고구마를 심어 수확했다. 이처럼 선택한 일을 하지 않으면 주변에 민폐가 된다. 이런 점을 지난 3년 동안 많이 봐왔다. 그러니 한 해 주말농사를 짓기로 선택했다면 밭에 집중해야 한다.

주말농사를 할까 고민한 지점은 한 가지 더 있다. 밭을 선택하면 등산 갈 시간이 없다. 생리가 끝난 몸(완경)이 순환이 잘 안 되어 붓고 살이 쪄 운동을 해야 하는데 주말농사와 병행하기 어려우니 고민한 것이다. '남편은 잡초를 구분 못하는데…'

남편을 혼자 밭에 보내는 일은 물가에 아이 혼자 내놓는 일

같아 시장캐리어를 끌고 함께 나섰다. 수서역에서 내려 밭까지 10분을 걷는다. 같이 하는 농사가 부부 사이에 어떤 의미가 있을까? 심은 작물들을 잘 키우기 위해서는 어떻게 해야 할까? 주역의 괘 중 하나인 "咸(함)은 感也(감야)"다. 함은 감응이라. 감응하면 만물이 생겨난다. 함괘(咸卦)의 단전에서는 이렇게 푼다.

"天地-感而萬物(천지감이만물)이 化生(화생)하고, 聖人(성인)이 感人心而天下-和平(감인심이천하화평).

하늘과 땅이 서로 감응하여 만물이 생겨나고 변화한다. 성인이 사람의 마음을 감동시켜 천하가 화평하게 된다."

천지 만물이 서로 감동하면 만물을 키우듯 부부도 마음이 통해야 주말농장의 작물을 잘 키울 수 있다. 그런데 50대 부부가 많은 시간을 같이 보낸다고 성인(聖人)처럼 되기가 쉽지 않다. 어찌 성인처럼 될 수가 있겠는가. 서로 바라만 봐도 가슴 뛰고 흐드러진 벚꽃을 보면 꽃 속에 숨어서 "나 잡아봐라" 할 나이도 지났고, 생산 공장이 문을 닫은 시기가 아닌가.

같이 주말농사를 하면서 티격태격 의견이 안 맞을 때가 많다. 부부끼리 풀리지 않는 갈등에 농사일 하면서 싸우기도 한다. 그러면서 계속 농사짓는 이유는? 싱싱한 토마토를 손으로

오늘, 남편이 퇴직했습니다

쓱쓱 닦아먹을 때의 한 순간. 같이 땀 흘려 직접 키운 야채로 만든 샐러드와 집에서 마시는 맥주 한 잔. 감자나 고구마를 캘 때의 손맛 때문이다. 어떤 작물은 제대로 못 키워 실패하기도 하지만 이런 일들까지 부부 사이를 이어주는 풍부한 대화 소재가 되어준다.

공부도 마찬가지다. 감이당에서 하는 공부 중 '밴드 글쓰기'가 있다. 몇 명이 함께 한 학기에 에세이 하나를 써야 하는 작업이다. 1년 공부 중 꼭 통과해야 할 부분이다. 처음엔 '밴드 글쓰기'의 중요성을 잘 몰랐다. '혼자 공부하고 쓰면 안 되나, 꼭 같이 해야 하나?' 하는 의구심이 있었다. 에세이 쓸 때 한 사람 생각을 정리해서 쓰기도 쉽지 않은데 몇 명이 같이 맞춰 글을 쓸 수 있는가 말이다.

그런데 같이 해보면 자신을 좀 더 객관적으로 보고 협동하면서 글 쓰는 것을 배우게 된다. '하~ 내 맘 같지 않네' 하는 불편한 마음이 들 수 있지만 멤버들과 글쓰기 호흡을 맞춰가는 것을 배운다. 또한 공동 글쓰기의 어려움과 즐거움을 알아간다. 나중에 서로 더 친해지거나 더 멀어지거나!

주말농사도 마찬가지다. 밭에서 알게 된 사람들과 현장에서 작물에 대해 배운다. 토마토 나무를 키만 잔뜩 키우다가 옆 사람의 도움으로 순지르기와 지줏대 세우기를 알게 됐다. 서로 이야기를 나눠야 작물에 대해서도 더 잘 알게 된다. (아~ 물론 싸우는 밭 이웃도 있다) 감이당과 주말농장 4년, 관계 속에서 성장함을 알게 됐다. 농부가 때에 맞춰 씨앗을 뿌리고 주변의 조언으로 작물을 더 잘 키우듯 나를 키우는 공부도 관계 속에서 확장된다.

퇴직부부, 공부하는 사람들 관계에서 어떻게 조화를 이룰 수 있을까? 조화란, 일이나 공부에서 50 대 50의 비율로 정확히 나눠지지 않는다. 때로는 한쪽으로 힘이 기울기도 하면서, 불협화음도 내면서 맞춰가는 것이다. 남편은 청명절 일주일 전 혼자 밭에 가서 삽질했다. 흙을 뒤집고 거름을 뿌렸다. 남편이 준비해놓은 땅에 일주일 후 함께 가 씨앗과 모종을 심었다. 고랑 사이의 잡초를 뽑으며 '요즘 왜 나는 화가 날까?' 마음을 들여다보았다. 남편의 실직을 수용하기 싫어하는 모습을 보았다. 그리고 예전에 지녔던 고정된 시선과 '나' 중심의 생각으로 남편을 대하고 있음을 깨달았다. 인생 주기의 가을에 접어든 은퇴한 50대 남편에게 잘나가던 여름의 모습이 계속되기를 일방적으로 원했다. 일이 안 되면 남편에게서 이유를 찾고 화를 냈던 것이다.

주역(周易)에서는 '변화하는 상황에 잘 대응하면 쉼 없이 정진할 수 있다'고 한다. 남편 실직으로 상황은 변했다. 어쩌면 남편은 자기 방식대로 변화에 적응하고 있다. 27년 동안 커진 어깨 힘을 빼고 있다. 잘 모르는 주말농사를 홀로 시도했다. 이제

오늘, 남편이 퇴직했습니다

내가 바뀔 때였다. 내 마음의 묵은 땅, 단단해진 곳을 뒤집어 새로 갈아엎어야 한다. 씨 뿌린 밭은 청명절 후 작물도 자라지만 잡초도 자란다. 내 마음밭에서는 '나' 중심의 생각이 잡초처럼 수시로 올라온다. 주말농사에서 작물을 잘 키우기 위해 잡초를 뽑아주어야 하는 것처럼 내 마음의 잡초도 자주 정리해 주어야 하지 않을까.

[퇴직 후 어깨에 힘 빼는 기간 Tip]

돈은 안 돼도 어깨 힘 빼는 시간이 필요하다

퇴직 후 자기 방식대로 변화에 적응하고 있다

부부, 서로 탓을 하지 않는다

토마토 한 알을 키우기 위해
- 주말농사와 퇴직부부2

바야흐로 5월 하순, 소만(小滿)이다. 소만은 글자 그대로 조금씩(小) 여름 기운이 차올라 온다(滿)는 의미다. 농촌에서는 쨍쨍한 오월 볕에 지난 가을에 심었던 밀, 보리 이삭이 여물고, 농부는 양파, 마늘을 수확하는 철이다. 이즈음 주말농장 밭은 어떤 모습일까? 3월 말 일찍 사서 심은 완두콩 모종은 4월에 덮친 냉해(冷害)로 죽었다. 하지만 다년생인 취, 미나리, 민들레, 부추는 씨를 뿌리지 않아도 싹이 올라와 자라고 있다.

두 달 전에 씨를 뿌린 상추, 쑥갓은 이웃과 나눠먹을 만큼 넉넉하다. 무, 청갓은 김치를 담을 수 있을 정도다. 이처럼 5월의 주말농장은 잎채소 따는 재미가 있다. 또 토마토, 가지, 고추, 호박은 한창 자라고 있다. 그런데 이런 채소들의 튼실한 수확

오늘, 남편이 퇴직했습니다

을 얻으려면 어떻게 길러야 할까? 입춘에 시작한 자립을 위한 공부는 5월, 소만 절기에 무엇을 점검해야 열매를 잘 맺을 수 있을까?

밭은 씨만 뿌려놓고 모종을 심어만 놓는다고 잘 자라지 않는다. '저절로 자라겠지' 방치하면 제대로 수확할 수 없다. 날마다 변하므로 손이 많이 간다. 3월에 씨 뿌린 작물은 5월엔 본격적으로 솎아주어야 한다. 퇴직 첫 해 주말농장은 남편이 주로 가꾸고 있다. 시작할 때 약속한 대로 혼자서 심고 키우고 있다. 2주에 한 번 잘 키우는지 관찰하러 간다. 그동안 남편은 감초, 생강, 당귀, 신선초 모종도 심어놓았다. 작년까지 호미를 쓸 줄 몰랐던 사람으로선 큰 변화다. (퇴직 기념으로 호미 한 자루 선물해줬다^^) 요즘은 일주일에 한 번씩 남편이 잎채소를 수확해 건강한 집밥을 만들어주고 식탁을 푸르게 채우고 있다.

그런데 5월에 접어든 주말에 채소들을 잘 키우는지 같이 갔더니 손 볼 일이 많았다. 남편은 아직 어설픈 농부라 솎아주기를 몰랐다. 씨앗으로 뿌린 채소들이 그대로 자라고 있었다. 새싹들은 어릴 때는 서로 의지하는 힘으로 기대어 자란다. 물론 이렇게 놔두어도 먹을 수는 있다. 그러나 일시적이다. 어느 정도 자라면 간격을 두고 과감하게 사이사이 뽑아주어야 한다. 그렇게 하지 않으면 튼튼해지지도 굵어지지도 않는다. 쓰러지고 병에 약해진다.

또한 소만 절기부터는 본격적으로 잡초들이 작물과 함께 자라기 시작한다. 이 잡초들은 지금 손을 쓰지 않으면 안 된다. 여름 장마가 시작되면 걷잡을 수 없이 자라게 된다. 방치하다 나중에 뽑으려면 괄약근을 조이고 젖 먹던 힘을 모아도 잘 안 뽑힌다. 도리어 땅속으로 나를 끌고 가려고 한다. 심지어 잡초가 채소들을 덮어버리면 뽑고 싶은 의욕마저 잃게 된다.

그렇다면 올해 추진하는 일이나 공부는 지금 어떤 상태인가? 5월은 연초에 계획한 많은 일들이 새싹처럼 자라다 의지가 약해지는 시점이다. 마음이 느슨해지는 시기다. 공부가 좀 익숙해지니 놀고 싶은 마음이 생긴다. 날씨가 좋으니 등산을 가도 좋고 바닷가도 가고 싶다. 춥지도 덥지도 않은 5월, 무엇을 못하랴. 체육대회, 동창회 모임에서도 부른다. 또한 많은 잡념이 공부하는 마음과 함께한다.

아무리 생각해도 해결이 나지 않은 잡념, 뻔한 결론이 나는 잡념, 어영부영 시간 때울 때 생각나는 잡념, '이 두꺼운 책을 끝까지 읽을 수 있을까' 의심하는 잡념이 공부해야 할 싹과 함께 잡초처럼 자란다. 5월에 이런 마음의 잡초들을 과감하게 뽑아주지 않는다면, 12월이 되어 '내가 한 해 동안 한 게 없네, 뭘 했지' 허탈하게 된다. 그러므로 쓸데없는 생각이 있다면 지금 뽑을 것!

키울 작물만 남기고 잡초를 뽑았다면 한 단계는 지났다. 그

오늘, 남편이 퇴직했습니다

렇다면 다음 단계에서 할 일은? 바로 순지르기다. 순을 질러주지 않으면 쓸모없는 것들이 많이 달리게 된다. 우리 밭에는 옆 밭 아주머니에게서 모종을 산 토마토가 두 그루 있다. 이번에 갔더니 그 분이 토마토를 잘 키우는지 우리 밭에 점검하러 오셨다. 오자마자 토마토 작은 가지를 뚝 잘라버렸다.

"토마토는 큰 가지 두 개만 남기고 곁가지는 계속 잘라주어야 씨알이 굵게 열려요."

맞다. 알고 있었지만 아직 몸에 익지 않아서 깜박했다. 그러면서 옆 밭 아주머니는 가지나무도 곁가지를 쳐주었다. 4년 동안 주말농장에서 일했지만 그분이 보기엔 아직 어설픈 농부였다. 물론 가지치기를 안 해도 토마토, 가지가 열리고 먹을 수는 있다. 하지만 아는 것과 모르는 것의 차이는 크다. 토마토의 품질을, 굵기와 맛을 다르게 한다.

이처럼 공부도 적당한 시기에 곁가지를 잘라주는 과정이 중요하다. 가지치기를 하지 않으면 작은 열매만 달린다. 얕게 아는 척할 수는 있지만 제대로 된 논리적인 사고라는 열매를 맺지 못한다. 남편의 퇴직이 가까웠을 무렵부터 이곳저곳에 뭔가를 배우러 다녔다. 남편이 퇴직한 첫 해, 구청 소식지를 봤지만 엉덩이를 꼬집으면서 참았다. 일상에서 곁가지를 잘라주지 않으면 공부, 특히 글쓰기가 힘들어진다. 글을 써보리라 큰 줄기를 잡았다. 뭘 배우느라 바쁘다고 합리화시키고 핑계대면 글은 안 써진다. 글을 쓰고 싶다면 곁가지는 자르고 눈은 컴퓨터로 향하고 손은 자판과 함께 놀 것!

자, 작물을 솎아주고 곁가지 잘라주어 정리가 됐다면 다음 단계는? 키가 자라는 작물은 태풍에 대비해서 쓰러지지 않게 지줏대를 세워 묶어주어야 한다. 다음 절기인 망종 이후엔 돌풍을 동반한 비가 자주 온다. 열매가 달리는 작물들은 지줏대를 세우지 않으면 가지가 꺾이고 쓰러진다. 잘 크다가 태풍에 쓰러지면 다시는 회복할 수 없게 된다. 이처럼 작물을 잘 성장시키는 데는 단계마다 손이 많이 간다. 천지인(天地人) 모두 작물을 키우지만 사람이 할 수 있는 일은 정성을 다하는 것이다. 잘 기르는 일에 대해서는 주역의 산뢰이괘를 보자.

"山雷頤(산뢰이)는 貞(정)하면 吉(길)하니 觀頤(관이)하며 自求口實(자구구실)이니라.

-頤(이)는 바르면 길하니, 턱을 관찰하여 스스로 먹을 것을 구한다. 彖曰(단왈), 頤貞吉(이정길)은 養正則吉也(양정즉길야)니 觀頤(관이)는 觀其所養也(관기소양야)오, 自求口實(자구구실)은 觀其自養也(관기자양야)라.

-단에 가로되, 頤貞吉(이정길)은 기르는데 바르게 하면 길하고, 觀頤(관이)는 그 기르는 바를 보는 것이요, 自求口實(자구구실)은 그 스스로 기르는 것을 보는 것이라."

이(頤)의 첫 번째 뜻은 턱이다. 턱이 있어야 먹을 수 있다. 먹는 일은 몸을 기르는 활동이다. 어떻게 하면 잘 기를까? 바르게 기르는 양정(養正)이란 모든 과정을 잘 관찰하고 온 마음으로 정성을 들인다는 의미가 아닐까.

일을 시작하면 과정은 건너뛸 수 없다. 튼실한 토마토 한 알을 얻기 위해서는 하나하나의 과정을 밟아야 한다. 먼저 토마토에 어울리는 거름을 준비한다. 튼튼한 모종을 사서 심는다. 주변의 잡초를 뽑아주고 곁가지를 자르고 지줏대를 세운다. 이런 일련의 과정이 모여 먹음직스런 토마토 한 알을 마침내 얻을 수 있다. 그렇다면 공부에 있어서 양정(養正)이란 무엇일까?

책을 읽다가 어려운 한자가 나오면 한자사전을 찾는 일이 먼저일 것이다. 물론 모르는 것을 찾아보는 시간이 아깝다고 생각할 수 있다. 하지만 남이 찾아놓은, 친구가 알려준 내용은 내 실력이 될 수 없다. 쉽게 이루는 길은 없다. 무의미하고 지루하게 느껴지는 과정이 모여 하나의 결과가 나온다. 나를 기르는 일은 모든 과정들을 겪어내는 것이리라. 나를 기를 수 있다면 다른 존재도 기를 수 있다.

남편은 퇴직 후 주말농사를 혼자 한다고 했지만 초보자다. 걸음마를 떼는 단계다. 솎아주기와 가지치기, 지줏대 세우기를 배워야 한다. 퇴직 기념으로 선물한 호미는 아직 손잡이가 반들거릴 정도는 아니다. 초보 농부 손에 물집이 생긴다. 그래도 주말농사를 책임지고 하는 것을 보니 기분이 좋다. 희망이 생긴다. 어떤 일이든 시작하면 해낼 것 같다. 봄에 냉해를 입었지만 남편의 정성으로 작물들이 잘 자라고 있다. 소만(小滿), 더워지는 날씨에 남편이 키운 잎채소, 맛이 좋네!

[기다려준다. 퇴직 초보자가 주말농장의 작물 키우듯! Tip]

어떤 일에 책임을 진다

각각의 과정을 겪어나간다

모르는 일을 시작하고, 해내면 희망이 생긴다

아이처럼 잡초처럼
동물처럼 살기

외국계 회사를 다닌 A씨. 퇴직한 다음 날 곧바로 향한 곳이 있다. 그는 어디로 갔을까? 버킷리스트에 넣어두었던 오랜 꿈인 해외여행을 갔을까? 아니다. 그는 퇴직 첫 날 일단 집을 나왔다. 서울시청에 가서 퇴직자를 위한 팸플릿을 보았다. 팸플릿에 보니 흥미를 끄는 프로그램이 있었다. 관심이 가는 내용을 확인하기 위해 영등포50플러스센터로 향했다. 시간이 넉넉하여 원효대교를 걸어서 건넜다. 그는 원효대교를 걸어서 건너면서 무슨 생각을 했을까?

원효대교를 걷는 일은 힘들지 않았다. 몸에 배었기 때문이다. 회사 다닐 때 광화문에서 성북구 집까지 매일 걸어서 출퇴근했다. 그래서 집에 머무는 것보다 나가는 게 마음이 편했다.

어디든지 걷고 싶었지만 갈 데가 없었는데 나오니 갈 곳이 생겼다. 집을 나오면서 생각했다. '다시 스무 살이 됐다고 생각하자. 스무 살로 돌아가면 뭐든 새롭게 시작할 수 있을 거야'라고. 그런 마음으로 회사 다닐 때는 안 걷던 원효대교를 건넜다. 다리를 건너 샛강역 근처까지 오니 퇴직자를 위한 둥지, 50플러스센터가 보였다. 들어가서 프로그램을 보았다. 재미있는 프로그램이 많았다. 두 개를 먼저 신청했다. 그리고 매일 50플러스센터를 다니기 시작했다.

퇴직 후 이런 분은 십만 분의 일 정도로 극히 드물다. 퇴직 첫 날, 뭘 할지 정하는 사람은 거의 없다. 자신이 속한 곳을 떠나 새로운 직업을 가지든 배우러 다니든 여태까지의 둥지를 떠나면 낯설다. 낯설어 마음이 좁아든다. 자신감이 떨어져 돈 버는 일이 아니어도 문을 밀고 들어가기가 쉽지 않다. 처음에는 적응이 안 돼 "이불 밖은 위험해"처럼 한동안 집에만 있는 경우가 있다. 그런데 처음부터 세련되게 편안하게 능숙하게 할 수 있는 일은 없다.

새로운 도전에는 두려움이 따른다. 그래서 새로운 일을 할 때 "나는 이 일에 자신이 있나?" 물어볼 필요가 없다. 그냥 하다 보면 두려움은 작아진다. 자신감은 커진다. 가만히 살펴보면 우리는 한 곳에 머물러 있던 적이 없다. 단지 같은 공간에 오래 다닌 사람은 그곳이 익숙하고 편안한 곳이라고 느낄 뿐이다.

오늘, 남편이 퇴직했습니다

퇴직은 익숙한 공간을 벗어나 "다르게 살아라"는 강한 자극이다. 새로운 자극에 반응하라는 신호다.

다르게 사는 방법으로 '아이처럼 놀고 잡초처럼 살고 동물처럼 죽기'를 권하려 한다. 먼저, 잘 노는 법 하나. 세 살짜리 아이가 노는 것을 떠올려보라. 아이는 아직 직업이 없는 무직, 학력이 없는 무학, 잘하는 것이 무엇인지 모른다. 그래도 잘 논다. 뭘 믿고 그렇게 놀 수 있을까? 호기심과 작은 만족이다. 흔히 "애같이 유치하게 놀지 마라"고 하지만 퇴직 후 아이처럼 유치하게 세상을 본다면? 모든 곳이 호기심의 대상이다. 하고 싶은 일도 많고 궁금한 게 많다. '내가 과거에 어떤 사람이었어'를 잊으면 작은 일을 해도 만족감이 든다. 아이처럼 잘 놀고 작은 만족을 느끼면 젊어진 기분까지 든다! 효과 좋다.

두 번째, 잡초처럼 살기다. 잡초는 어디에 씨앗이 날아가더라도 살아간다. 나쁜 환경이라고 투덜거리지 않고 꽃을 피운다. 아스팔트 틈새에 핀 민들레를 본 적이 있는가? 그 꽃은 환경을 탓하지 않고 꽃을 피워 씨를 날려 보낸다. 그리고 잡초는 어디든 적응력이 강하고 강인하다. 농약이나 비료가 필요 없다. 우리도 잡초처럼 산다면 약이나 주사가 필요 없는 건강한 사람이 되지 않을까.

나는 건강검진을 거의 하지 않는다. 물론 필요할 때 보건소에 가서 피, 오줌, 대변, 소변 검사를 한다. 정부에서 운영하는

'국민체력100'에 예약해 100m달리기, 윗몸일으키기로 순발력과 유연성을 테스트한다. 되도록 병원에 가지 않고 스스로 예방하고 있다. 손이 많이 필요한 채소처럼 살지 않는다. 잡초처럼 살고 있어 보약이나 주사를 찾지 않는다. 평소에 승용차를 타지 않고 전철을 이용한다. 엘리베이터나 에스컬레이터 대신 계단을 걷는다. 아스팔트 틈새에 살면서 태양으로 영양분을 받는 잡초 같은 일상이다. (주말농사에서 말한 내 마음을 뿌리째 흔드는 잡초는 뽑아야 하지만^^)

세 번째는 동물처럼 죽기다. 동물에게는 의사가 없다. 아프면 꼼짝하지 않고 몸을 쉰다. 상처가 낫기를 기다린다. 시간이 지나면 스스로의 면역력으로 회복한다. 그러지 못하면 기력이 쇠해 먹는 것이 줄어든다. 주어진 생명을 다 산 다음 자연스럽게 죽는다. 이런 동물처럼 삶을 마무리하고 싶다. 평생 현역으로 일하다가 죽거나 잠깐 쉴 때 죽고 싶다. 어른들 말씀처럼 자는 잠에 가도 좋고.

남편은 텔레비전 프로그램 중 〈동물의 왕국〉을 제일 좋아한다. 30년을 줄기차게 본다. 결혼 전에도 보았다고 한다. 옆에서 가끔 같이 볼 때 한마디 거든다. "저번에 봤던 장면과 똑같네요. 이번에도 암사자와 무리들이 얼룩말을 잡으면 수사자가 늦게 나타나 먹고 가는구만. 그리고 수사자가 힘이 없으면 노후에 혼자서 조용히 사네요." 이런 말에 남편은 반응이 없었다.

궁금했다. 다른 남자들도 〈동물의 왕국〉을 보나? 동영상에서 가장 인기 있는 분야가 어린애가 노는 장면과 동물 이야기라고 하는데. 분노조절과 동의보감 강의할 때 남편 나이 비슷한 베이비부머 남성들에게 물어보았다. "텔레비전에 나오는 〈동물의 왕국〉을 좋아하세요?" "그럼요" 하는 남성이 80%였다. 동물이 먹이를 잡기 위해 전속력으로 달려야 하는 모습이 본인이 사는 모습과 비슷해 공감이 간다고 한다. 나는 그런 점은 공감하기 힘들다. 다만 의사에게 과잉 진료 받지 않고 동물처럼 자연사하는 게 꿈이다.

퇴직 후 평소에 하고 싶었던 일이 있으면 버킷리스트를 만들어도 좋다. 그렇지만 해보고 싶은 것을 실컷 해본 다음에는? 그후에도 40년, 50년을 살아가야 한다면? 퇴직은 일상이다. 특별한 이벤트가 아니다. 퇴직한 다음날 걸어서 50플러스센터에 갔던 A씨는 거기서 배우고, 다른 사람을 가르치게 됐다.

남편은 퇴직 1년이 지나자 내 권유로 50플러스센터와 캠퍼스에 나갔다. 하지만 여기서 배우고 가르치지 않는다. 오전에 50플러스캠퍼스에서 혼자 공부하고 오후에 아르바이트를 한다. 아이처럼 새로운 것을 공부하는 걸 좋아한다. 30년간 관리직으로 일한 과거를 잊었다. 그동안 안 했던 육체노동 아르바이트에 잡초처럼 적응하고 있다. 그리고 지금은 유튜브 방탄소년단에 빠져 살면서도 여전히 〈동물의 왕국〉을 챙겨보는 애청자다. 자

주 보면 동물 같은 삶으로 마무리를 할 수 있지 않을까 생각해
본다.

[따라 하기 Tip]

아이처럼 잘 논다

잡초처럼 건강하게 산다

동물처럼 자연사로 죽는다

오늘, 남편이 퇴직했습니다

퇴직한 남편, 어떻게 대해야 할까

PART 2

남편 퇴직해도
머리 쓰다듬어주시나요?

"남편 퇴직 후에도 머리카락 쓰다듬어주세요?"

"······."

"네에."

대답이 빨리 나오지 않았다. 자신이 없어 말꼬리를 흐렸다.

구청에서 '행복학습매니저' 교육을 받을 때다. 10명이 교육 받았는데 그중 60대 남자 두 분이 계셨다. 한 분과 짝꿍이 되어 토론하고 서로에게 질문을 했다.

"남편이 퇴근하고 밥 먹은 후 소파에서 쉬는 시간이면요. 꼭 제 무릎을 베고 누워요. 아내 무릎을 베고 누워 있으면 '쉬고 있구나' 하는 느낌이래요. 제가 머리카락을 쓰다듬어주면 그날의 피로가 풀린대요."

자랑하듯이 우리 부부가 하는 행동을 늘어놓자 교장 선생님으로 퇴직한 60대 남성이 나에게 되물었던 것이다. 되묻는 말에 속으로 좀 놀랐다. 남편이 퇴직해도 계속 머리카락을 쓰다듬어줄 수 있을까?

남편이 회사 다닐 때는 집에 오면 머리카락을 쓰다듬어주었다. 하지만 남편 퇴직 후 6개월이 지나자 쓰다듬어주는 일이 드물다. 머리카락을 쓰다듬는 동안 내 다리는 꼼짝 못하고 아무일도 할 수 없기 때문이다. 솔직히 말하면 퇴직 전에는 남편이 벌어주는 돈으로 가족이 먹고살 수 있으니까 남편이 좋아하는 일을 해준 것이다.

같이 공부하는 50대 여성들에게 물어봤다. 남편이 소파에서 쉴 때 무릎을 베면 머리카락을 쓰다듬어주느냐고. 모두들 고개를 흔들면서 돈을 잘 벌어도 그건 힘들다고 한다.

"선생님은 부부 금실이 좋아서 그렇게 하는 거죠."

"어휴, 저희 부부는 눈만 마주쳐도 어색해요."

요즘 여자들이 누가 그런 짓을 하냐는 듯 쳐다본다. 물론 우리는 부부 사이가 나쁘지 않았다. 그래서 퇴직을 한다고 사이가 달라질까, 생각했는데 남편이 퇴직하니 정말 달라졌다. 우선 내가 소파에 앉아 한가하게 쉴 시간이 없다. 매일 세끼 밥하고 공부하고 강의 들으러 다니기 바쁘기 때문이다. 아직도 남편은 머리카락을 쓰다듬어주는 것을 가장 행복해한다. 지금도 내가 소파에 잠시 쉴 때면 머리를 들이민다. 그럴 땐 잠깐 시간을 내어 쓰다듬어줄 수밖에. 퇴직해도 복잡한 머리를 식히는 여유는 필요하니까.

은퇴 이후 부부 사이는 무릎베개 같은 사소한 일에서 달라진다. 퇴직 후 집에 머무는 남편은 아내가 느끼는 생활의 불편함에 둔감하다. 아내가 자신 때문에 불편을 느낄지도 모른다는 것을 잘 알지 못한다. 아내들은 남편이 급격하게 변하지 않는다는 점을 인정하자. 변화하는 데는 시간이 좀 필요하다. 반면, 남편은 자신의 습관으로 배우자가 힘들어 한다는 점을 생각하자. 이제부터 본격적으로 같이 시간을 보내는 부부생활이다. 신혼은 아니지만 같이 있는 시간을 좋게 지속하려면 어떻게 지내면 좋을까?

먼저 과도하게 반응하지 않고 부드럽게 대응한다. 우리 집의 경우 무릎을 베고 있는 남편에게 야박하게 쏙 빼고 나오지 못한다. (과격하면 목뼈 부러진다^^) "다음에 또 해줄게" 하고 은근슬쩍 빠져나온다. 어쩌겠는가. 남편이 집에 있는 일이 현실이 됐다. 남편 출근하면 집은 내 왕국이었지만, 이 왕국도 같이 이루었으니 공정한 사고방식을 가졌다면 같이 나눠 쓸 수밖에. 시선을 한 단계 높여서 볼 필요가 있다. 신혼처럼 뜨겁지는 않아도 집안 분위기를 차갑게는 하지 않는 것이 좋다. 머리 쓰다듬고 살살 달래 남편을 내 편으로 만든다. 내 편이 된 남편은 나중에 무엇이든 돕게 된다.

[퇴직 남편을 대하는 아내의 자세 Tip]

퇴직 남편의 습관은 빨리 바뀌지 않는다

과도하게 반응하지 않고 남편을 부드럽게 달랜다

내 편으로 만들어 나중에 무엇이든 하게 만든다

오늘, 남편이 퇴직했습니다

스크린 골프를 다니는 남편, 무슨 생각을 할까?

남편이 편한 옷을 입더니 운동화를 신고 살짝 나간다. 아마도 카톡이 왔나보다. 남편 친구들이 불러냈을 것이다

'야, 한 게임 하자. 집에 있으면 뭐하냐?'
'좋지. 그럼 퇴계로3가, 거기서 만나.'

그런 대화가 오갔으리라.

퇴계로는 집에서 차비 안 들이고 걸어갈 수 있는 거리다. 자동차가 없는 남편을 배려하는지 거기서 자주 만난다. 스크린 골프장은 어른들의 놀이터다. 점수가 나오니 서로 내기하기 좋다. 게임에 진 사람이 짜장면 사서 밥도 해결하고. 50대 남자들

이 친구랑 놀기 딱 적당한 곳이다.

하지만 퇴직 후라면 마누라의 시각은 좀 달라진다. 마누라 생각은 이렇다.

'왜 하필 스크린 골프냐고요? 지금 그 친구들은 직업이 있고 돈을 벌면서 잠깐 스크린 골프를 치지만 당신은 그게 아니잖아요? 스크린 골프 사업을 해보려고 한다면 그나마 이해할 수 있어요. 그런데 시간을 어떻게 보낼지 몰라 친구가 오란다고 달려가는 건 좀 아니잖아요? 이렇게 당신이 이 친구 저 친구 불려 다니면서 놀면 언제 자신의 일을 찾느냐고요?'

이런 말들을 쏟아 붓고 싶었다. 간접적으로 돌려서 말해보기도 했다. 안 먹혔다. 자신이 바꿔야겠다고 인지하지 못하는데 옆에서 말하면 싸움이 된다.

그럴 때는 한 박자 쉬고 좀 기다릴 수밖에 없다. 퇴직 후 삼식이(집에서 세끼 다 먹는 백수)를 쳐다보는 마누라는 인내심을 기르고 도를 닦아야 한다.

"여태 열심히 밥벌이 해왔는데 좀 쉬면 어떠냐? 참 야박하네"

그렇게 말하면 특별히 할 말이 없다. 남편이 벌어다주던 그 시절의 안락함을 계속 유지하고 싶은 이기적인 마음도 있는 건 사실이니까. 1년 후 남편에게 왜 스크린 골프를 다녔냐고 물어보았다.

"그때 스크린 골프를 친 이유는, 취업이 되면 필요하거든. 골프 감(感)을 잊지 않기 위해서였어."

재취업을 염두해 스크린 골프에 시간과 돈 투자를 했지만 로또 당첨이 어렵듯 이것 역시 꽝이었다. 스크린 골프 다니는 남편의 한쪽 면만 보고 속이 부글거렸다. 1년 후 물어보니 남편도 그렇게 행동하는 이유가 있었다. 하지만 일정한 수입이 없는 채로 시간이 흘러가면 조급한 마음이 들면서 눈에 보이는 행동이 자꾸 거슬린다. 퇴직한 남성들은 대개 처음에는 주변 사람에게 기대를 가진다. 친구가 재취업 자리를 알아봐줄 수 있을 것 같아 스크린 골프를 같이 친다. 최근 동향을 알기 위해 전직 회사 사람과 술을 한 잔 하기도 한다. 업계 관계자에게 밥을 사기도 한다.

누구도 본인만큼 절실하지 않다. 안면이 있다고 일로 연결해주지 않는다. 아내조차 남편이 무슨 생각으로 스크린 골프를 나가는지 알지 못한다. 표현하지 않으면 이해하지 못한다. 표현한다고 해도 아내가 마음의 여유가 없으면 싸우게 된다. 퇴직 후의 부부 사이, 그리고 맞닥트리게 되는 일상은 안개가 심하게 낀 길과 같다. 한동안 앞이 안 보이는 길을 헤쳐 나가야 한다. 그 길에서 등산이든 스크린 골프든 좋아할 수 있다. 무언가를 좋아하게 되었다면 빠져들어 전문가 수준까지 해야 길이 보인다. 비용과 시간이 들 각오를 해야 한다. 지금 그게 가능한 지 현실적인 계산을 해봐야 한다.

[퇴직 후 현상 Tip]

친구랑 어울려 다니는 시기가 있다

주변 사람에게 기대를 가진다

아무도 퇴직자 본인만큼 절실하지 않다

남편이 절에 가서
살았으면 좋겠어요

"남편이 집에서 손도 까딱 안 해요."

"매일 집에만 있는데 제가 죽을 맛이에요."

"언제까지 이렇게 살아야 하는지 답답해요."

"우리 남편이 절에 가서 좀 살았으면 좋겠어요."

50대 여성들의 하소연이다. 하소연을 쭉 들은 스님 교수님이 대학원 명상 수업에서 다음과 같이 말씀하셨다.

"집에서 필요 없는 분이라면 우리 절에서도 필요 없습니다."

빵~ 터졌다. '아니, 나 말고도 남편을 절에 보내고 싶은 사람이 있구나!' 놀라웠다.

 남편이 재취업을 준비한 지 1년이 지나자 덩달아 나까지 지치기 시작했다. 남편이 제발 같은 공간이 아닌 다른 곳에 좀 가 있으면 좋겠다는 생각이 들었다. 하지만 남편은 고향에 가도 하룻밤만 자고 올라왔다. 나도 숨 좀 쉬고 싶었다. 어떻게 하면 돈 안 들이고 부부가 떨어져 지낼 수 있나? 고민하기 시작했다.

 방법을 찾아보자. 남편은 집이 좋은지 집 밖을 안 나갔다. 주말에 나가도 나랑 같이 산행하는 정도지 혼자서는 1박2일 낯선 곳으로 여행을 안 갔다. 이 답답한 상태를 어떻게 바꿀 수 있을까? 남편에게는 "당신, 집을 좀 떠나 있으면 어때요?"라고 말을 못했다. 집을 나가라는 섭섭한 말로 들릴 것이기 때문이다.

 그래서 "저기 해남에 15박으로 수행하는 곳이 있던데…" 하고 넌지시 자극을 주었다. 남편은 알아듣고도 가기 싫은지 아내 말이 무슨 의미인지 모르는지 반응을 안 했다. 가고 싶다는 말을 안 했다. 그렇다면 차라리 내가 집을 나가자. 집을 나간다 해도 무전여행은 못하겠고, 돈 없이도 먹고 자는 곳이 있어야 하는데 그런 곳이 있을까?

 남편 퇴직 전 세 번 정도 갔던 경기도 어느 절이 생각났다. 그곳에는 일손이 많이 필요할 것 같았다. 그리고 공양주 보살이 있다. 공양주 보살은 스님 식사와 절 행사를 준비하는 사람이다. 그 당시는 사찰음식을 배우지 않았지만 일을 하다보면 가능할 것 같았다. (그 이후 혹시 쓰일지 몰라 사찰음식을 4개월 배웠다 ^^) 그래도 나는 한식조리사 자격증이 있지 않은가.

인터넷에 '공양주 보살'이라고 검색을 했다. 근무는 오래할 수 있는 정규직이다. 주로 한 명을 모집했다. 경력은 있으면 좋지만 없어도 가능하다. 나이는 65세 이하를 선호한다. 월급은 150만 원(+) 정도다. 하루 일하는 시간을 계산해서 시급 받는 것과 비슷하게 정했을 것이다. 하지만 공양주로 일하면 개인 방과 욕실, 텔레비전에 인터넷이 제공된다. '꿈의 직장이 아닌가. 나에게 딱이네. 딱이야' 하며 기분이 좋아 좀 더 알아보았다. 지식in에 들어가니 공양주를 모집하는 곳을 아무 곳이나 가면 안 된다고 한다.

그 절에서 얼마나 자주 공양주를 모집하는지 체크해야 한다. 자주 구인광고를 하면 그곳은 일하는 사람이 오래 있지 않고 나간다는 의미다. 그래서 한 번 들어갈 때 신중하게 살펴보고 가야 한다. 허걱~. 미처 몰랐던 점이었다.

다른 키워드로 검색을 했다. 그러면 부부가 같이 절에 가서 일하면 안 될까. 일단 의식주가 제공되니 퇴직금이 없어도 살 수 있지 않을까? '남편은 종무소(사찰 사무실) 직원, 관리처사로 일하고 나는 공양주로 일한다. 일도 하고 돈도 벌고 얼마나 좋은가. 같은 곳에 근무하지만 떨어져서 일하니 할 만하겠어. 일타이피 좋아, 좋아' 실제 그런 곳이 몇 군데 있었다. 하지만 전화를 하지는 않았다. 용기가 안 났다. 절박하면 무엇을 못하랴 마는.

곰곰이 생각해봤다. '내가 진짜 집을 떠나서 살 수 있을까? 퇴직한 남편이 같이 있어 힘들다고 집을 떠나면 다른 곳에 가서 마음 편하게 지낼 수 있을까?' 아니다. '남편을 절에 가라고 설득할 수 있을까?' 그것도 아니다. 나 스스로도 발이 안 떨어지는 일을 남편에게 해보면 어떠냐고 아무리 부드럽게 권유한다고 해도 그건 강요에 가깝다.

그 후로 몇 번 검색은 했지만 결국 행동에 옮기지 못했다. 하지만 지금 생각해보면 그런 생각을 했다는 것이 얼마나 어리석고 이기적인 생각인지. 남편이 퇴직한 후 어떤 괴로움이 있는지 알고 싶어 하지 않았다. 남편을 외면하고 어딘가로 나가주면 좋겠다는 생각만 했다. 내가 불편한 점만 크게 생각했다. 무소유 정신으로 유명하신 법정스님은 『간다, 봐라』에서 다음과 같이 말씀하셨다.

"나는 타인의 고통 앞에서는 두 가지 태도만이 바르다고 확신한다. 침묵하고 함께 있어주는 것. 고통 받는 자들에게 충고하려들지 않도록 주의하자. 그들에게 멋진 설교를 하지 않도록 주의하자. 다만 애정 어리고 걱정스런 몸짓으로 조용히 기도함으로써, 그 고통에 함께함으로써, 우리가 곁에 있다는 걸 느끼게 해주는 그런 조심성, 그런 신중함을 갖도록 하자. 자비란 바로 그런 것이다."

남편 퇴직 1년 후에 인내심도 자비심도 없는 이기적인 사람이 됐다. 어떤 사람은 비웃을 것이다. '고작 남편 퇴직 1년 지났는데 그런 생각을 하다니. 27년간 남편이 벌어 주었는데 배은망덕하네. 어떻게 하면 남편하고 떨어져 있을까 생각하는 나쁜 사람이네.' 그 말에 동의한다. 변명할 생각은 없다. 그렇지만 좋고 바른 생각과 이론은 실제 현실과 다르다. 부부가 같이 있는 시간이 많으면 미칠 것처럼 답답하다.

대학원 명상 강의에서 스님 말씀에 깜짝 놀랐다. '내 마음과 비슷한 사람이 있다니! 나 혼자 그런 생각을 한 건 아니구나. 그런 생각을 표현하는 사람이 있네' 하는 묘한 안도감에 웃었다. 우습기도 하고 슬프기도 했다.

아내들은 남편이 대단한 깨달음을 얻어오게 하고자 절에 보내진 않을 것이다. 서로가 떨어져 있는 시간과 자신의 일을 스스로 하는 사람을 원한다. 스님 말씀은 아마 이런 뜻이 아닐까. "어디든 손도 까딱 안 하면서 대접받고자 하는 사람은 원하지 않아요."

살아가면서 누구든 어떤 이유로든 일이 없을 때가 있다. 그때 자신의 집을 포함하여 어떤 곳이든 본인 밥그릇 씻기, 자신이 일어난 자리 청소하는 일을 한다. 그것을 시작으로 주변을 치우면 자연스레 필요한 사람이 되지 않을까.

> **[고통 앞에서 함께한다 Tip]**
>
> 타인의 고통 앞에 함께 있어준다
>
> 충고하려 들지 않는다
>
> 신중하게 기다린다

오늘, 남편이 퇴직했습니다

인정하고 뒤집으면
다른 길이 보인다

집을 떠났다. 3월의 마지막 주말에 1박2일 집 밖에서 놀았다. 대학원 봄 MT 덕분이다. 덕분이라고 한 건 확실한 이유로 집을 나올 수 있기 때문이다. (돌봐야 할 아이가 있는 건 아니고^^) 일요일 저녁에 돌아오면서 '저녁을 뭘 먹을까? 미뤄둔 빨래는 어떡하지?' 고민하며 집에 들어왔다. 남편은 퇴직한 지 4년이 됐지만 집안일에 대해선 아직 아는 것보다 모르는 일이 더 많다. 반면 나는 아직 돈을 버는 일이 익숙하지 않다. 하지만 이제 둘이서 풀어가야 한다. 그래서 생각한 전략이 '서로를 있는 그대로 인정하기'와 '상식을 뒤집어보기'다.

인정하기와 뒤집어보기는 얼핏 모순되는 것 같다. 하지만 공통점을 살펴보면 잘 살기 위한 필살기다. 먼저 노력한 점을 인정하기다. 어떤 일을 했으면 일단 인정해준다. 1박2일 자리를 비운 집은 어떻게 됐을까? 집에 들어와 세탁기 쪽으로 먼저 가봤다. 남편은 자신 있게 "빨래 벌써 했어"라고 자랑스러워한다. '그래 아내 방식이 아니라도 했으면 됐지.' 어떻게 했는지는 안 물었다. 조금 때가 덜 빠졌더라도 인정하자. 저녁밥은 아들이 '배달의 민족'에 검색해서 탕수육을 시켰다. 두 가지 큰 일이 해결됐다. 야호~.

두 번째는 서로 기대어 사는 것을 인정하기다. 남편이 밖에서 벌어오는 덕분에 집에서 안전하게 살았다. 비바람 맞으면서 밖에서 장사를 해본 적이 없다. 가정경제를 책임지고 부양해본 적이 없다. 여성의 집안일이 힘들고 감정노동에 지친다고 하지만 돈을 벌어보니 집안일보다 더 긴장되고 몸이 오그라든다. 온몸이 졸아들어 어깨가 뭉치고 아프다. 그동안 남편 덕분에 잘 살았다. 남편 덕분이라는 것을 인정한다.

남편은 퇴직 전까지 본인이 번다는 이유로 상의하지 않고 통보만 했던 일이 있다. 물론 돈에 관련된 일이다. 결혼 3년차 됐을 때다. 상의도 없이 회사동료에게 보증을 서주었다. 그 사람이 몇 년 후 돈을 갚고 우리 부부에게 "이제 발 뺴고 잘 수 있으니 과장님이 한 턱 내세요"라고 해서 알았다.

부부 싸움은 주로 이렇게 혼자 결정한 일 때문에 일어났다. 결혼 후 아내를 동등하게 인정하고 의논해야 하는데. 아파트

대출금을 갚기 위해 열심히 아끼다가 상의 없이 일을 만들면 투명인간 취급당하는 기분이었다. '내가 뭐하려고 이렇게 아등바등 사나' 하는 회의감과 존재를 인정받지 못한 것 같아 허무함이 밀려왔다. 그런 세월이 흘러가며 생각했다. '남편이 버는 돈이 우리집으로 다 들어오는 건 아니구나' 인정했다. 싸울 일이 적어졌다. 퇴직한 후 남편은 90% 정도는 아내와 의논한다.

세 번째, 노후가 불안하다는 점을 인정한다. 자유롭고 여유 있는 노후를 꿈꾸지만 늘 새로운 불안은 생긴다. 남편이 상무보가 됐을 때다. "이제 빚 없이 살자. 대출금을 갚고 안정되게 살자. 해외여행 가고 싶을 때 가고 돈에 불편해 하지 말자" 하며 노후를 꿈꾸었다. 그래서 2013년 둘이서 머리를 맞대고 연구했다. 경제 전망을 내리막으로 보고 재건축되는 아파트를 팔자고 결정하고 행동으로 옮겼다. 너무 안정을 원했던 결과는? 다시는 그 아파트 시세를 보지 않는다. 넘을 수 없는 넘사벽이 됐다. 남편 퇴직 5년차인 지금은 어떤 일이 닥치더라고 깜짝 놀라지 않는다. 건강을 먼저 생각하자고 둘이서 매일 연습한다. 불안은 늘 곁에 있다. 어쩌겠는가? 불안을 과대포장하지 않고 불안과 함께 사는 것을 인정한다.

이제 뒤집어보기를 해보자. 흔히 SNS에 떠도는 말들을 뒤집어본다. 아내가 곰국을 끓이면 남편이 긴장한다는 말을 다르게 살펴보자. 아내가 곰국을 끓이면 얼른 국수를 삶아 말아먹는다. 그리고 한 봉지씩 넣어 냉동실에 두고 먹으면 된다. 걱정할 필요가 없다. 아내는 곰국을 끓이면서 불안을 조성할 게 아니라 곰국이 많을 때의 활용법을 가르치는 건 어떨지. 이참에 남편이 '중년 남자의 요리교실'에 다녀 요리법을 다양하게 하면 가족이 더 좋아하지 않을까.

뒤집어보기 두 번째. 이사할 때 남편이 이사 트럭에 제일 먼저 타라는 말이 있다. 농담 같은 이 말이 사실이라면 굳이 그런 가족과 살 필요가 없다. 결혼 후 이사를 열네 번 했지만 남편이 이삿짐 트럭에 안 타고도 무사히 집에 들어왔다. (주소와 비밀번호만 가르쳐주면 바로 들어온다^^) 카톡, 밴드, 페이스북에 지인이 퍼 나르는 기분 나쁜 말은 친구에게 보내지 말자. 그런 말들이 얼마나 냉소적이고 재미없는 말인지 인식하자.

한편 '나는 열심히 살았어. 가족을 위해 희생했어'라고 생각했다면 얼른 내려놓자. 누구를 위해 열심히 살고 희생하는 사람은 없다. 어떤 보상을 바라고 한 건 아니라고 자신 있게 말할 수 있는가? 자신이 그 일과 역할에 충실했다면 그것으로 족하면 된다. 자식에게도 마찬가지다. '너에게 해준 게 얼마인데…'라고 생각하면 투자 개념이다. 솔직하게 너에게 얼마를 투자했으니 이제 좀 돌려주면 좋겠다는 의미 아닌가. 어떤 사람도 희생만으로 일을 할 수 없다. 칭찬이든 인정이든 보상이 있고 자기 이익이 되니까 행동한다. 성실하게 살았다면 그런 인정을

오늘, 남편이 퇴직했습니다

받는 것으로 족하다. '나'는 희생했는데 주변에서 알아주지 않아 섭섭하다면 이제 희생이라는 말은 내려놓고 '나의 길을 갈 때가 됐구나'라는 신호로 받아들이자.

1박 2일 MT를 다녀오면서 '빨래는 집에 있는 남편이 하면 좋은데' 하고 생각하지 않았다. 수건과 러닝셔츠는 삶아야 하고 헹굼 버튼 횟수를 수동 모드로 조작해서 최적의 상태로 빨아야 하기 때문이다. 나름 나만이 아는 복잡한 세탁법을 남편은 아직 모르고 있다. 세탁기 조작할 때마다 옆에서 지켜보게 할까, 대충 빨아도 마음 편하게 생각할까, 행복한 고민이다.

퇴직 후에 서로를 있는 그대로 인정하면 부부갈등이 덜하다. 그러려니 하던 생각을 뒤집으면 다른 길이 보인다. 이제 퇴직 부부는 동등한 입장에서 새롭게 시작해야 한다. 어느 한쪽 탓을 하거나 더 고생했다는 생각은 걸림돌이다. 서로에게 디딤돌이 되자.

[부부갈등을 줄이는 인정하기 Tip]

서로가 노력하고 있음을 인정한다

노후가 불안하다는 점을 인정한다

희생은 자신에게 이익이나 무형의 보상이 있어서 한다

남편이 현관 신발을
정리하다

아침에 일어나니 현관 신발이 가지런히 놓여 있다. 아들 구두, 내 신발, 슬리퍼가 짝이 맞게 놓여 있다. 내가 한 적은 없는데, 아들은 아닐 것이고 살림의 여왕 우렁 색시가 왔을까?

우렁 색시는 남편이었다. 남편은 저녁 12시에 퇴근하면서 현관 신발을 가지런히 놓는다. 책이 잔뜩 들어있는 7kg 백팩을 등에 진 채 신발부터 정리하고 집안으로 들어온다. "잘 다녀오셨어요"라고 인사하고 바로 저녁상을 차린다. 남편이 언제부터 현관 신발을 정리했을까?

그건 바로 실내 풍수를 공부한 이후부터다. 남편은 동양학과 과목 중 현공풍수(玄空風水) 강의를 듣는다. 현공풍수에서 현공이란 玄(현)은 그윽하다, 오묘하다, 空(공)은 공간을 의미한다.

편하게 쉴 수 있는 공간을 뜻한다. 風水(풍수)는 바람과 물이다. 바람과 물은 잘 흘러가야 한다. 하여 현공풍수는 사람 사는 환경, 풍수에 따라 사람의 컨디션이 달라지고 실내에서 어떻게 살면 쾌적할 것인지를 적용하는 공부다. 그러면 신발을 가지런히 정리하는 것이 공부일까?

공부라고 하면 흔히 책상 앞에 앉아서 입시, 고시 공부하는 것을 떠올린다. 맞다. 그것도 공부다. 몇 시간 공부하면 엉덩이가 들썩거리고 놀고 싶지만 참아야 자신이 가고 싶은 학교에 가고 원하는 직업을 가질 수 있다. 책상공부가 어려운 사람은 빨리 사회에 나와 몸으로 부딪치는 현장공부를 한다.

그런데 퇴직 후 공부는 입시나 취업, 밥벌이 공부와 다르다. 몸과 마음을 변화시키는 쿵푸다. 100세 시대인 요즘은 2모작 3모작을 위해 공부하는 경우가 많다. 남편 전 회사 동료는 퇴직 후 공인중개사시험을 4개월 만에 합격해서 온라인 학습비를 다 돌려받았다. 대단하다. 고3보다 더 열심히 했다. 다만 중개 현장에서 부딪치는 일은 시험공부와는 별개의 문제다. 퇴직 후 공부란 신체적으로 건강하고 정신적으론 성숙한 사람이 되는 게 중요하다. 이때 말과 행동이 일치하지 않으면 남의 웃음거리가 되거나 못 미더운 사람이 된다.

말과 행동이 일치하는 지행합일(知行合一). 쉽게 말하지만 행하기 어려운 단어다. 어느 날 남편 카톡 대문을 보니 지행합일이라고 쓰여 있다. 말부터 앞세우는 사람이면 욕먹기 딱 좋은 말이다. 내심 놀랐다. 지행합일을 진짜로 하겠다는 뜻일까? 말 자체가 멋있어 보여 가져다 썼을까? 궁금하기도 하고 친구들에게 놀림을 받을까 걱정이 됐다.

"당신, 카톡에 지행합일이라고 썼는데 실천할 수 있어요? 실천하지 않으면 다른 사람 비웃음을 살 수 있어요." 실천 안 할 거면 바꾸라고 은근하고 강력하게 말했다. 남편은 실천하겠다 안 하겠다 말이 없었다. 마치 두고 보면 알 거 아니냐는 듯이.

공부는 중국 발음으로 쿵푸(Kung Fu), 이소룡이 잘하는 '쿵푸'를 연상시킨다. 남편은 이소룡 키즈다. 이소룡이 우상이었다. 남편의 빛바랜 20대 흑백사진을 보았다. 위의 옷은 안 입고, 이소룡이 잘 쓰던 쌍절곤을 들고 있다. 그 당시 이소룡이 멋있어 보여 따라했다고 한다. 이소룡이 젊은 나이에 명을 달리하여 중장년의 모범을 보여줄 수 없지만 그 정신만은 남편에게 남았을까.

남편은 퇴직 후 스스로 쿵푸를 하고 있다. 공부란 신체적 정신적 단련이자 실천이다. 지행합일이다. 퇴직 전에 집안일을 말로만 지시하던 습관을 많이 바꾸었다. 아침에 밥 먹은 후 바로 설거지하고 공부하러 간다. 저녁 12시에 집에 오면 신발을 가지런히 정리한다. 예전 같으면 "니는 이런 것도 정리 안 하고 뭐하네?" 하고 짜증을 냈을 것이다. 이젠 잔소리 없이 실천한

오늘, 남편이 퇴직했습니다

다. 행동하는 모습이 멋있다!

남편은 "집에 좋은 기운이 들어오기 위해서는 사람과 공간이 준비가 되어 있어야 해. 바람과 물이 막히지 않고 생각이 잘 흘러가기 위해서지"라며 배운 점을 실천하고 있다. 남편이 거창하게 지행합일을 카톡 대문에 걸었지만 생활에서 실천 안 하는 부분도 많다. 10년 전에 담배를 끊겠다고 말했다. 본인이 좋아하는 분이 대통령이 됐을 때 어머님과 같이 금연하기로 해서 한 달 정도 끊은 적이 있다. 하지만 일하고 온 후 하루 한 대는 피운다. 나는 그에 대해 잔소리 안 한다. 그에게는 그만의 이유가 있겠지. 하여간 신발 정리가 깔끔하게 돼 있으니 기분 좋고 집에 들어올 때 신발 벗기가 편하다!

[퇴직 후의 공부 Tip]

공부는 몸과 마음을 변화시킨다

말과 행동이 같을 때 멋있다

좋은 기운이 들어오려면 준비가 되어 있어야 한다

퇴직 남성 패션은
아내 하기 나름

　'소확행'이라는 트렌드 키워드가 한동안 입에 오르내렸다. '소확행'은 작지만 소소한 행복을 누리는 라이프 스타일이다. 그 말뜻을 알게 되자 '나도 그렇게 살아야지' 공감했다. 살림을 줄이고 최소한의 소비로 살기로 했다. 남편 속옷 서랍에 백색 난닝구 5장, 아무리 삶아도 누런 100사이즈 4장과 새 난닝구 95사이즈 한 장을 정리해두었다. 남편이 그중 새 난닝구를 입고 나왔다. (늘어난 100사이즈 사이에 살짝 숨겨 두었는데^^)

　새 속옷은 몸을 조이는 긴장감과 착용감이 좋다. 올해 남편 팬티도 95사이즈로 몇 개 샀다. 살 8kg 뺀 기념으로. 늘어난 100사이즈는 과감하게 버렸다. 다이어트 성공한 보상으로 소소한 행복을 누리라고! 새 속옷은 가끔 기분 따라 사주는데 겉옷은 자주 안 사게 된다. 그렇다고 남편 혼자 옷을 사러 가지도 않는다. 패션 담당은 내가 한다. 또래 아이가 있으면 그 나이 아이들이 관심이 가듯 퇴직한 남편이 곁에 있으니 다른 퇴직 남성들의 차림새를 관찰하게 된다.

퇴직한 남성 중 80% 이상이 몇 년 전 패션을 그냥 입고 다닌다. 넥타이 매고 긴장해서 협상하거나 권위를 세울 일이 없으니 차림새가 느슨해진다. 아내들은 와이셔츠 다리는 일에서 해방됐다. 세탁소에 양복을 맡길 일이 없다. 아내 마음도 각 세우지 않는 옷처럼 풀어진다. 남편이 뭘 입고 다니는지, 남에게 어떻게 보이는지 신경을 안 쓴다. 마치 낡아가는 집을 고치지 않는 것처럼.

3년 전 50플러스센터에서 인생설계 상담을 받았다. 상담을 통해 어떤 일을 하고 싶은지 찾았다. 열린 강사를 신청했다. 퇴직한 남자들과 강사 교육을 받으면서 남자를 가까이 보기 시작했다. 각자 소개하는 시간이 있어 예전에 어떤 일을 했는지 알게 됐다. 퇴직한 지 얼마 되지 않았다는 한 분은 얼굴이 깔끔하고 키가 크고 잘생겼다. 그런데 같이 회식하러 가다가 보았다. 가죽구두에 자글자글 금이 가 있었다. 금이 간 구두를 보니 짠한 마음이 들었다.

남편은 퇴직 후 백수로 2년 지내는 동안 주로 집에 있었지만 배우러 나가기도 했다. 외출할 때 옷을 뭘 입을까 신발은 뭘 신을까 나에게 물었다. 그때마다 조금 무신경했다. 그런데 교육에서 만난 전직 ○○맨을 보고 내버려두면 안 되겠다는 생각이 들었다.

회사 다닐 때 입던 양복은 불편하니 안 입는다. 혹시 양복 입는 일이 생길지 몰라 옷장만 차지하고 있다. (양복 입고 다시 출근할 리는 99% 없다. 그런 일이 있으면 새 양복을 장만하겠지!) 캐주얼한 콤비를 자주 입는다. 이 콤비도 2~3년 지나면 오래된 패션이 된다.

남편 청바지를 두 개 샀다. 되도록 청바지는 안 입히려고 했다. 왠지 청바지를 입히면 양복 입는 직장에 다시는 돌아가지 못할 거라는 생각이 들었기 때문이다. 그런데 몸이 변했다. 육체노동하면서 살이 8kg 빠졌다. 청바지 사주기 전에 기지(콤비) 바지를 입었는데 실용적이지 못했다. 오전에 공부할 때는 어울리는데 오후 육체노동하는 곳에서는 갈아입어야 했다. 처음엔 가방에 작업복을 넣어 다니다 귀찮은지 기지바지가 불편해도 안 갈아입었다. 청바지는 그나마 일하기 편하다.

청바지를 입으면 퇴직 상태에서 더 추락할까. 고정관념을 아직 깨지 못한 것 아닐까? 남들이 어떻게 볼까 시선을 의식한다면 소소한 행복은 저 멀리 달아날 것이다. 남편이 새 난닝구를 입고 나온 걸 보고 "새 거 너무 좋아하네요"라고 놀리자 "뭐어어~~" 한마디 하며 어색하게 웃는다. (저렇게 좋아하는 걸. 이참

　　　　　　　　　　　　　오늘, 남편이 퇴직했습니다

에 중요 부위를 잘 받쳐주어 습기가 차지 않는다는 드로즈 팬티도 사다줄까.^^)

옷은 퇴직한 남자들의 현재 상황을 대변한다. 차림새는 아내가 남편에게 관심을 보이는 정도에 따라 달라진다. 드물게 스스로 잘 챙겨 입는 분도 있다. 50플러스센터에서 자주 만나는 퇴직한 남성들 옷이나 신발을 자세히 본다. 자주 입는 옷이 그 사람의 이미지로 굳어진다. 다른 퇴직남의 모습을 보며 생각했다. 살림을 줄이고 소확행으로 산다는 핑계로 남편 옷을 소홀히 한 건 아닐까?

[퇴직 남자의 옷 Tip]

옷을 몸에 맞게 입어라

예전 옷에 미련을 갖지 마라

남편 모습은 아내의 관심을 나타낸다

서로에게
화가 끓어오르는 순간

퇴직 초기엔 자유 시간이 많아 신난다. 벼르던 해외여행을 간다. 한동안 카톡에 여행 사진을 자랑스럽게 올린다. 그러나 매번 축제처럼 살 수 없지 않는가. 퇴직은 일상이다. 일상이 되면 돈이 적게 드는 일을 찾게 된다. 남편 퇴직 후 우리는 1년 동안 주말에 산에 다녔다. 남편이 대학 공부를 시작한 후 주말은 많이 달라졌다. 퇴직부부는 주말을 어떻게 보내면 좋을까?

우리는 1년 동안 토요일이면 북한산 둘레길, 아차산, 우면산, 관악산, 독립문 근처 안산 등 지하철만 타면 닿는 산에 갔다. 내려오면서 순댓국 한 그릇에 막걸리 한 잔이면 큰돈이 들지 않고 배가 불렀다. 무엇보다 집에서 밥을 안 차려서 좋았다. 일요일은 밭에 가는 날이다. 4년 동안 도시농부로 주일에 교회 가듯 밭에 다녔다. 가지가 어떻게 자라는지 고추 상태가 어떤지 살펴보며 같이 가꾸었다.

남편이 원광디지털대학교에 등록한 후 산과 밭에서 멀어졌다. 갈 시간이 없다. 토요일에 집에서 온라인 수업을 듣거나 50플러스센터에서 공부한다. 일요일에는 집 근처 도서관에서 철학, 역사학 강의를 듣는다. 강의가 당장 밥이 되고 살이 되는 게 아니지만 보약 먹듯 듣는다. 하지만 도서관 강의는 주말에 일이 없어야 들을 수 있다. 10월에 한 주는 어머님 팔순이라 삼천포행, 그 다음 주는 중국여행, 다음은 요리 배우느라 주말에 집에 있을 틈이 없었다.

이번 주 토요일은 느긋하게 8시에 일어나 집안일을 시작했다. 빨래를 하고 신문 읽고 커피 한잔 마시니 금방 오전 12시가 지났다. 수업은 1시에 시작이다. 서둘러 도서관에 갔다. 강의장 80명 좌석이 수업 10분 전에 가득 찼다. 이번 주는 『인간이란 무엇인가?』에서 칸트가 주장한 진선미에 대한 내용이다. 강의 내용도 내용이지만 50대 이상 사람들이 무엇 때문에 오는지 알고 싶었다. 철학 수업에 교실이 가득 차는 현상이 궁금했다.

옆자리 65세 여성에게 물어보았다. "왜 철학 수업을 들으세요?" 그러자 그 분이 되물었다. "철학이 재미있지 않나요? 저는 평생교육원이나 다른 곳에서도 철학 강의만 들어요." 이 분은 초등학교 선생님으로 퇴직 후 공부로 시간을 보낸다고 한다.

공부가 가장 알뜰한 방법이란다. '이런 분들이 계셔서 철학하는 젊은 학자들이 강의할 수 있구나' 하는 생각이 들었다. 강의를 들으면 '이건 내 강의에 적용하면 되겠다' 하는 아이디어가 생긴다. 오늘은 수강생들 질문이 많아 끝나는 시간이 30분 이상 늦어졌다. 아쉽지만 다 못 듣고 강의실을 나왔다.

강의할 때 입을 옷을 사러갔다. 1년 전에 비해 살이 5kg 이상 빠져 바지가 안 맞았다. 두 시간 정도 고르고 있는데 남편이 "저녁은?" 전화가 왔다. 밖에서 먹고 싶다는 신호다. '어 벌써 저녁?' 옷 입어볼 때는 못 느꼈다. 집안일에, 철학 수업에 바빠서 '점심도 안 먹었구나' 하는 자각과 함께 피곤이 몰려왔다.

쇼핑을 할 때는 오직 내 몸에 집중했다. 피곤해서 꼼짝 못할 것 같은데 매장 돌아다닐 힘이 나온다. 온전히 자신에 집중(쇼핑 삼매경)하면 몸이 피곤한 것은 잊는다. 이번 토요일은 철학 수업보다 쇼핑이 훨씬 재미있다. 옷 가게 점원이 "언니는 날씬해서 옷이 잘 받아요" 덧붙인 한 마디에 바지 하나 더 샀다. 쇼핑은 현실을 잊는 강력한 마법이다.

바지를 사고 오는 길에 야채를 샀다. 집에 와서 소파에 10분 정도 쓰러져 있었다. 남편은 밖에 나가서 먹자고 했다. 다시 나가기 싫지만 저녁 준비가 안 되어 있으니 어쩌랴. 남편 의견에 맞추었다. 고등어 생선구이로 외식하며 소주 한 잔 했다. 토요일에 산에도 안 가고 행사도 없었다. 하지만 영양제 한 알 먹고

오늘, 남편이 퇴직했습니다

자야 피곤이 풀릴 정도다.

친구 B는 남편이 퇴직한 지 1년 됐다. B는 남편과 같이 있는 시간이 길다고 괴로워했다. 친구는 내가 2년간 남편과 같이 있던 깜깜한 터널 속에 있다. 미래를 알 수 없는 막막한 터널을 지나고 있다. 이 터널에서 나오는 방법은 부부 서로가 상대방 탓을 안 하는 것이다. 은퇴 후 부부가 서로 탓을 하면 해법이 없다. 친구는 남편에게 화가 많이 났다. 남편이 쉽게 던진 말 한 마디가 송곳처럼 마음을 찔렀다고 한다.

불쑥 던진 말은 꾹꾹 눌러둔 화산이 터져 나온 것과 비슷하다. 친구는 남편이 자신을 공격한다고 생각했다. 부부가 같이 있는 시간은 많은데 대화로 마음을 풀지 않는 경우가 많다. 불만이 쌓이면 어느 순간 터진다. 화산이 터지면 주변 생물은 죽는다. 하지만 사는 방법이 있다. 삼십육계 줄행랑이다. 서로에게 화가 끓어오르는 순간 멀리 피한다. 계속 같이 살겠다는 마음이 있으면 피한다. 아니면 황혼이혼을 해도 좋다는 결단으로 한 판 벌이고 끝을 보든지.

주말에 부부가 같이 다니지 않고 다른 활동을 하면 좋다. 시공을 달리 한다. (시공을 초월하지는 말고^^) 각자 끌리는 공간에 가서 시간을 보낸다. 떨어져 있는 시간이 있으면 마음에 여유가 생긴다. 시간이 지나면 화산재는 비옥한 옥토가 된다. 각자 따로 놀고 난 후 술 한 잔 하며 서로를 어루만져 준다. (이불 속이든 이불 밖이든 알아서^^) 그때 하고 싶은 말을 한다. 꼭 말 안 해도 좋다. 스킨십을 하면 좋다. 스킨십은 서로를 위로한다. 스킨십은 일상의 부부생활을 유지해주는 좋은 천연약이다!

[배우자랑 잘 지내는 법 Tip]

배우자에게 화가 나면 일단 피한다

시공을 달리해서 논다

스킨십을 해주고 위로한다

은퇴 부부, 온돌방처럼
따뜻하게 지내기

아침에 눈을 뜨면 침대에 자고 있는 사람, 커피 물 올려놓고 "한 잔 마실래?" 물어볼 사람, 아침 7시 조조영화 보러가자고 끄집어낼 사람, 밤 12시에 와도 밥을 차려주는 사람. 이건 한참 피가 뜨거운 신혼부부만의 그림일까? 남녀가 만나 잘 사는 것은 신혼 초에만 어울리는 말일까? 은퇴 후에도 이렇게 사이좋게 살 수 있지 않을까?

사이가 좋다는 것은 서로가 공간적으로 물리적으로 밀착되어 있다는 의미가 아니다. 너무 밀착되면 환기가 안 되어 썩는다. 사이가 좋다는 건 외부의 공기가 들어올 수 있는 거리, 서로 적당한 거리를 유지한다는 뜻이다. 1년 전 50대 부부 설문조사에서 남성의 57%, 여성의 67%가 혼자만의 시간이 필요하다고 응답했다. 부부 사이가 아무리 좋아도 이런 점은 고려해야 한다. 부부 사이가 좋아지려면 기본 양념하듯 다음의 세 가지를 첨가하면 좋다.

- 서로 간섭하지 않고 하고 싶은 대로 하고 산다
- 취미를 같이 한다
- 부부간이라도 혼자만의 시간이 필요하다

하고 싶은 대로 산다는 것은 입던 옷을 아무 곳에나 던져 놓고 발 냄새 나는 양말을 방바닥에 그냥 둔다는 의미가 아니다. 누군가는 집안을 청소해야 하고 세탁을 해야 한다. 자신이 원하는 일을 하고 싶다면, 그 일을 하기 전 집안일을 하는 사람에 대한 배려가 있어야 함은 당연하다. 서로 간섭하지 않고 하고 싶은 일을 할 수 있는 자유는 본인이 만드는 것이다. '빨래는 빨래 바구니에, 그릇은 꺼냈던 제자리에' 물건이 제자리에만 놓여 있어도 다음 단계 일에 시간 절약이 된다. 서로 간섭할 필요가 없다. 좋은 관계가 된다. 집안일이 줄면 커피 한 잔이라도 여유있게 마실 수 있다. 제발 모든 물건은 제자리에!

'취미를 같이 한다'는 강제사항이 아니고 권장사항이다. 취미가 다르면 다양성이 있어 좋다. 하지만 상대방 취미 세계를 잘 이해하지 못한다. 50대 남성 A씨는 사진이 취미다. 부부가 함께 여행가는 곳마다 사진과 동영상을 찍느라 바쁘다. 아내는 그런 취미가 없으니 재미가 없다. 아내에게는 밥 준비 다 했을 때 집에 오라고 불러도 늦게 오는 아이처럼 불편하다.

전업주부일 때 도서관에서 책 빌리는 걸 좋아했다. 남편이 퇴직 후 뭘 할지 몰라 망설일 때 남편에게 말했다. "도서관에 같이 갈래요? 점심은 내가 살게요."(도서관 매점 점심은 다른 곳보다 싸다^^)

그렇게 같이 가서 남편은 고우영의 『만화 삼국지』부터 읽기 시작했다. (만화책은 어릴 때부터 좋아했다) 그때 남편이 책을 꼼꼼하게 잘 읽는다는 점을 알게 됐다. 특히 물리학 책, 그중 『현대물리학과 동양사상』을 읽는 걸 보고 동양학을 공부해보라고 권했다. 다행히 관심을 가지고 공부를 계속한다. 나도 동양학을 공부하고 있으니 취미가 같아 서로 대화가 된다.

부부가 취미가 같은 점은 좋지만 혼자 있는 시간은 꼭 필요하다. 40대, 50대 남성들의 로망이 자기 사무실 하나 가지는 거다. 회사 인간으로 조직 속에서 살아온 사람이 퇴직 후 집으로 돌아오면 어디에 있을지 뻘쭘해진다. 거실 소파에 하루 종일 자신을 노출하고 있는 것도 스트레스다. 그렇다고 뜨거운 밤의 주인이 되기엔 풀기도 빠지고. 그래서 자신만의 동굴이 필요한데 현실은 쉽지 않다.

친구 M은 남편에게 스스로 졸혼을 한다고 선언했다. 그 후 안방은 남편에게 온전히 내어 주었다. 남편은 퇴근 후 집에 오면 안방에서 텔레비전을 보면서 지낸다. 친구는 최근에 작은 사무실을 하나 얻었다. 낮에 거기서 지내면서 자유를 만끽하고 있다. 자기만의 방은 해방감을 준다. 집으로 친구를 부르지 않는 시대다. 나만의 공간이 있으면 친구를 데려와도 좋다. 밤새워 이야기해도 배우자에게 간섭을 안 받아 좋다. 나 역시 남편 환갑선물 1순위로 작은 사무실이나 오피스텔을 얻어주고 싶다. 그만의 동굴을 선물할 상상을 하면 신난다. 물론 내 사무실도 따로 만들고 싶다.

부부가 따뜻하게 지내는 것은 온돌방에서 지내는 것과 같다. 온돌방이 좋아도 하루 종일 있으면 질린다. 그리고 온돌방 온도를 너무 높이면 갑갑증이 난다. 그렇다고 혼자만 자면 사람 온기가 부족하다. 사이가 좋다는 말은 신혼부부에만 해당하는 것은 아니다. 신혼의 불같은 뜨거움(육체적 끌림)은 생물학적으로 길어야 3년이라고 하지 않는가.

오히려 퇴직 이후가 부부가 잘 지내야 하는 시기다. 주인공은 늦게 나온다는 말처럼 본격적인 부부생활은 퇴직 이후가 아닐까. 남편이 일터를 떠나 집에 돌아온 이후의 부부 사이가 더 중요하지 않을까? 온돌방처럼 적당한 따뜻함으로 옮겨오는 시기가 퇴직 후다. 앞의 세 가지를 지키면 살 만하다. 삶의 질이 높아진다.

삶의 질을 높이는 또 하나의 확실한 것 한 가지! 집으로 돌아온 남편들이여. 쉰내 나는 양말을 빨래통에 잘 넣고 있는가. 빨래를 하면 더 좋고.

[은퇴부부 잘 지내기 Tip]

부부가 본격적으로 잘 지내야 하는 시기다

적당한 따뜻함을 유지한다

자기만의 공간이 있으면 좋다

새벽 베갯잇 대화는
건강한 부부의 기초

동의보감에서는 "내 몸이 우주다"라고 말한다. '내 몸이 우주'라면 우주가 도대체 무슨 뜻일까. 서양에서 우주는 'Universe, Cosmos'다. 대개는 지구 밖의 공간, 태양계 은하계를 뜻한다. 동양에서 우주(宇宙)는, 우(宇)는 시간, 주(宙)는 공간을 의미한다. 하나의 우주가 있다는 것은 시공간이 함께 있다는 뜻이다. 은퇴한 부부는 각각 다른 우주다. 나도 하나의 우주이고 배우자도 하나의 우주이다. 서로 다른 우주가 부딪치면 폭발한다. 적당한 거리에서 공존하려면 어떻게 해야 할까?

당연한 말이지만 은퇴 후의 일상은 은퇴 전의 일상과 180도 다르다. 달라진 일상에서 어떤 생각을 하고 행동할 것인가? 많은 부분이 나의 선택과 행동에 달려있다. 그런데 "은퇴 부부

오늘, 남편이 퇴직했습니다

가 잘 지내는 방법은 뭔가요?" 하고 질문하는 사람은 드물다. 많은 사람이 '예전처럼 살면 되지'라고 생각한다. 하여 갈등을 풀지 못하고 어려움을 예방하지 못한다. 소중한 가족과 멀어지거나 사고가 난 후에야 후회하게 되어 안타깝다. 예방 차원에서 주변의 이야기들을 토대로 건강한 부부 사이에 대해 미리 알아본다.

60대 초반 남성 C씨는 황혼이혼 후 '내가 왜 이혼을 했을까? 섣부른 판단을 내렸구나' 되돌아보면서 후회하고 있다. C씨는 '60살까지 열심히 벌어주었으니 당연히 아내가 밥을 차려야 해. 집에 있으니까 아내가 자꾸 잔소리가 많네. 사회활동에 열심히 나가느라 집안일에 관심이 없네'라는 생각으로 부딪치고 갈등을 빚었다고 한다.

60대 중반 남성 N씨는 아내와 같이 살지만 함께하는 일이 적고 대화가 별로 없다. 어쩌다 한 마디 하면 화내기 일쑤다. 아내는 손주 보느라 바쁘고 N씨는 스마트폰에 빠져 있다. 어떻게 하면 서로 화내지 않고 살 수 있을지 고민이다.

또 다른 남성 M씨는 주말부부로 20년을 떨어져 살았다. 퇴직 후 집에 돌아오니 아내와 같이 할 관심사와 일이 없다는 사실에 씁쓸해 한다. M씨는 노후에 아내와 해외여행을 하고 싶었다. 하지만 아내는 같이 있었던 시간이 적어서인지 함께 여행하고 싶어 하지 않았다. 퇴직 전 꿈과는 달리 혼자서 여행 다니고 있다.

퇴직부부는 매일 만난다. (물론 투명인간처럼 대하고 눈길을 안 주는 부부도 있다ㅠ) 여행을 따로 가거나 떨어져 살지 않는 한 매일 본다. 매일 보아야 하는 부부, 잘 지내야 살맛이 난다. 은퇴 후 부부 사이가 중요하다고 몇 번을 강조해도 지나치지 않다. 부부가 잘 살기 위한 구체적인 방법이 있을까? 나는 부부 사칙연산, 즉 '나누고 더하고 빼고 곱하기'를 하자고 제안한다.

상대방을 이해하고 일을 나누자. Y씨는 35년간 대기업 기술직으로 지방 근무 후 퇴직해서 집으로 왔다. 아내 D씨는 ○○학원을 운영한다. 자신의 힘으로 40대부터 개인연금을 준비했다. Y씨는 퇴직 후 집안청소, 설거지, 빨래, 밥, 반찬, 학원청소를 한다. 학원경영의 조력자가 됐다. 아내는 학생 가르치는 일에 주력한다. 국, 김치를 담당하여 시간이 될 때 직접 만들거나 택배 주문한다. 아내 D씨는 경제적으로 편한 노후가 되려면 연금을 준비하라고 조언했다. 노후에 누가 꼬박꼬박 50만 원씩 주겠는가? 결국은 연금이다.

아내 D씨는 남편 퇴직 후 부부는 동반자라는 점을 더 많이 느낀다. 20년간 주말부부로 살다 남편 퇴직 후 일주일에 7일을 같이 산다. 남편은 집안일을 하면서 "아내 혼자 살림을 꾸리고 돈 버느라 얼마나 힘들었을까" 이해하게 됐다고 한다. 집안일은 도와주는 개념이 아니라 자신이 주인으로 적극적으로

오늘, 남편이 퇴직했습니다

해야 하는 일임을 깨닫고 있다. D씨는 말한다. 퇴직을 두려워하지 마라. 가다보면 길이 생긴다. 두려워도 새로운 길을 가라. 우리는 죽을 때까지 공부한다. 학생으로 살아라. Y씨는 퇴직 후 주민자치센터 탁구반, 동네 등산반에 등록해 지역사회에 친구가 생겼다. 아내는 남편의 이해가 도움이 많이 된다. 여유시간에 인문학, 철학을 공부하고 사회 봉사활동을 열심히 하고 있다.

우리 집의 경우 남편은 퇴직한 후 내 생활을 알게 되었다. 둘이 같이 아는 사람에게 "아내가 이렇게 바쁘게 살고 있는지 몰랐어"라고 말했다고 한다. 퇴직 후 2년 동안 남편이 우왕좌왕할 때 남편이 하는 행동에 '별 소용없는 일을 하고 있군' 하는 생각이 들 때도 있었지만 말리지 않았다. 대신 공부를 하도록 유도했다. 남편은 내가 추천하는 대로 주역(周易)을 배우고 구립도서관, 정독도서관, 감초농사 짓기 등 아내의 영역에 자연스럽게 섞여 들어왔다. 두 사람의 활동 영역이 겹치는 시기였다. 지금은 다시 독립기다. 남편은 낮 9시~3시까지 공부를 하고, 오후는 시간제로 일한다. 하루 24시간을 알뜰하게 잘 활용하고 있다. 상대방을 이해하면 부딪치는 일이 줄어든다. 서로의 생활을 존중할 수 있다.

어루만져 주기는 틈날 때마다 더하자. 〈님아, 그 강을 건너지 마오〉 영화를 보면 구순을 넘긴 노부부가 낙엽을 던지며 장난을 치는 장면이 나온다. 구순에도 닭살 부부다. 힘들 때 부엌에서 장작불을 때며 손을 어루만져 준다. 우리 부부는 그 정도 닭살 부부는 아니다. 하지만 남편은 어릴 때 엄마가 쓰다듬어주시듯 다정하게 만져주는 걸 좋아한다. 엄마가 너무 바쁘고 동생이 곧 태어나 동생을 돌봐주셨던 터라 엄마 손길이 그리웠다고 한다. 그래서인지 일 끝나고 오면 머리카락을 만져주고 얼굴을 쓰다듬어주기를 원했다. 남편 퇴직 후 서로 바빠졌지만 의식적으로 해주려고 노력한다.

스킨십을 더하는 것은 건강한 삶을 위해 꼭 필요하다. 부부가 밤일(Sex)이 다소 힘들다면 비아그라나 성능이 좋다고 광고하는 물건을 찾기보다는 서로를 어루만져 주는 게 좋다. 약과 물건 살 돈과 의료비가 훨씬 줄어든다. 스킨십은 면역력을 기르는 좋은 방법이다. 외로움도 줄어든다. 최고의 예방의학이다. 그리고 섹스를 하면 면역력이 높아질 뿐만 아니라 요통, 두통에 진정 효과가 크다. 좋은 심장 운동이 된다. 자존감이 높아진다. 상대의 감정을 빠르게 읽을 수 있다. 섹스가 안 되어도 괜찮다. 상대방이 외로울 때, 상처받았을 때, 슬플 때 옆에서 가만히 어루만져 보라. 최고의 위로다. 다시 힘을 낼 수 있다.

특히 남자는 여자와 다르다. 아내는 말로 내 편이 되어주면 위로 받는다. '내가 실수하고 어려움에 처해도 난 괜찮은 사람이구나' 느낀다. 하지만 남자들은 몸을 가까이해야 한다. 잘 나가는 남자들의 이해되지 않는 성추행에는 채워지지 못한 원초적인 사랑의 손길 고픔이 있다. 그 사람들을 옹호하고자 하는 마음은 아니다. 그 사람들은 집에서 위로받지 못해 다른 사람에게서 위로받고 싶어 사고를 친다. 남편을 어루만져주면 한순간 직장을 잃거나(me too로) 바람 때문에 재난이 오는 것을 예방할 수 있다. (잃을 직장이 없다면 의료비 절약을 위해^^)

밖에서 푸는 스킨십은 일회용 반창고처럼 잠시뿐이다. 시간이 지나면 금방 외로워진다. '외로움'을 왜 풀어야 하는가? 깊이 보면 외로움은 내 존재를 인정받지 못함과 연결되어 있다. '내가 쓸모없는 사람이라 아무도 나를 좋아하지 않는구나, 아무도 내 옆에 있고 싶어 하지 않는구나'라는 '인정받지 못함'과 연결된다. 사람들은 이런 감정을 견디기 힘들어 한다. 이 감정에서 벗어나는 좋은 방법은 부부가 서로 만져주는 것이다.

"〈님아, 그 강을 건너지 마오〉에 나오는 닭살 노부부는 특별한 경우지. 요즘 그런 부부가 어디 있어요?" 반문할 수 있다. 그렇다면 왜 이 영화에 그 많은 관객이 들었을까? 10대인 친구 딸도 이 영화를 보고 눈물을 흘렸다고 한다. 우리가 그분들의 생활을 보며 눈물을 흘린 이유는 무엇일까? 우리 몸은 살아있는 동안 그런 배려와 스킨십을 원한다는 반증이 아닐까. 시중에서 자주 듣는 말 중에 "가족끼리 그러는 거 아니야" 하면서 부부는 가까이 다가가면 안 되는 사람, 부부끼리 섹스를 안 해야 하는 것처럼 말할 때면 기분이 이상해진다. (이런 말이 재미있는가? 부부 사이의 면역력을 떨어뜨리고 이익을 취하고자 하는 거대한 자본 세력의 음모라는 생각이 안 드는가?^^)

부부 사이 대화가 어렵다면 베갯잇 대화를 나눠보자. 나이가 들면서 점점 새벽잠이 없어진다. 그럴 때 이렇게 저렇게 뒤척이지만 말고 이불 속에 누워서 대화를 해보라. 그 시간은 집중하기 가장 좋은 시간이다. 침대에서 일어나면 스마트폰 보느라 집안일 하느라 정신없다. 일어난 후는 제대로 대화할 수 없다. 그래서 새벽 시간이 대화하기 좋다. 5시 반쯤 새벽에 깨면 침대에서 남편에게 어제 있었던 이런저런 이야기를 한다. 두 아들에게 있었던 일, 지금 하고 있는 일 이야기를 하며 30분 이상을 보낸다.

남편은 큰 반응 없이, 비판 없이 들어준다. 어쩌겠는가? 남편도 일어나서 움직이기엔 이른 시간이고 침대에 아직은 편안히 있고 싶은 시간이니까. 이 시간에 남편은 이성적으로 따지며 "그건 잘못된 거야" 비판하지 않는다. 왜? 비몽사몽간이고 아직 잠이 눈에서 안 떨어진 상태니까. "응~ 으으~"라고 간단한 대답을 해준다.

그 시간엔 아내가 하는 말을 다 들어준다. (들어준다고 생각하고 하고 싶은 말 다한다) 내가 100% 말하는 시간이니 정서적으로 만족감이 크다. 이 새벽 대화 아이디어는 우리 부모님께 배웠다. 부모

오늘, 남편이 퇴직했습니다

님은 평생 농사를 지었다. 아버지가 50세가 지나자 각방을 썼다. 아버지는 사랑방에서 자고 아침에 안방에 와서 어머니와 오늘 어디 밭에 일을 해야 할지, 씨를 뿌릴지 잡초를 맬지 이야기를 나누었다. 그 대화에는 자식 이야기, 이웃 이야기도 섞여 있었다. 나는 그런 장면을 보고 들은 덕분인지 새벽에 하는 베갯잇 대화가 좋다. (내가 일방적으로 하는 말이라 대화라고 하긴 그렇지만^^)

감정은 백배 공감해줄 때 더 커진다. 누군가로부터 마음을 이해받을 때 그 사람이 고맙고 좋다. 특별히 슬프고, 외롭고, 고통스러울 때의 마음을 털어놓을 수 있는 상대가 있다는 것은 위로가 된다. 부부는 모두 배우자에게 그런 사람이기를 원한다. 그러나 많은 사람의 경우 배우자로부터 큰 위안을 얻지 못한다. 처음에 숨김없이 털어 놓다가 차츰 말하지 않게 되고 서로 비밀이 많아진다. 마음을 털어 놓았다가 오히려 지적만 받고 더 괴로웠던 경험이 많기 때문이다. "그렇구나, 일리가 있네" 추임새를 넣어주면 효과가 좋다. 들어주려고 노력하면 상대방은 노력하는 것을 안다. 선순환이 일어난다.

사람은 누구나 자기가 느끼는 감정을 축소당할 때 화가 난다. 마음이 전혀 이해받지 못했다고 느끼기 때문이다. 어떤 사건 때문에 힘들어할 때 이해받지 못하면, 힘들었던 그 사건보다 자기 마음을 이해받지 못한 것 때문에 더 화가 난다. 마음을 이해받을 때 일이 덜 힘들게 느껴지고 부부관계가 가까워진다.

은퇴부부가 잘 지내려면 각자 영역을 존중하고 스킨십을 더 하고 감정을 공감해주고 축소시키지 않는다. 더불어 서로 인격을 동등하게 인정하는 것이 중요하다.

또한 최대한 경제적으로 서로 독립하는 게 좋다. 퇴직한 남자가 돈이 없으면 친구들 밥 한 끼 사기 어렵다. 지갑에서 인심난다. 친구에게 자주 얻어먹으면 자신감이 없어진다.

그래서 평생 현역으로 살도록 일을 찾아야 한다. 친구랑 먹을 밥값이라도 버는 게 중요하다. 한 달에 20만 원 번다면 1억 이자보다 낫지 않는가. 서울 시내 전철을 타면 65세 이상 남성들이 꽃바구니와 명품 쇼핑백을 들고 다닌다. 실버택배다. 무료 전철비를 적극 활용하여 하루 몇 만원씩을 번다. 계단을 오르내리니 운동과 돈, 일석이조다. 다니는 모습이 활력 있다.

인생은 각자가 하나의 우주다. 서양 과학에서는 우주의 중심이 어디인지 모른다고 한다. 동양학에서는 우리 몸이 하나의 소우주라고 한다. 중심이 어디인지 알 수 없다면 각자 하나의 우주이자 주체로 인정한다.

오늘, 남편이 퇴직했습니다

[부부 사칙연산 Tip]

스킨십을 더한다

베갯잇 새벽 대화를 나눈다

상대방 감정을 백배 공감해준다

상대방 감정을 축소시키지 않는다

나 자신을 돌봐야
가정이 산다

PART 3

1%의 가능성이라도 있으면
시도한다

여성인력개발센터 '노인생애설계사' 국비 과정을 신청했다. 20명 정원에 60명이 지원했다. 면접을 보는데 요양보호사 자격증이 있는지를 물었다. '왜 물을까? 이 자격증이 없으면 안 된다는 말을 돌려서 하는구나' 짐작했다. 서울 50플러스센터 포털 사이트를 검색하다 '춤, 몸, 인문학' 과정을 발견했다. 하고 싶었지만 마감이 2일 남았다.

50플러스센터에 열린학교를 모집할 때 강사를 신청했다. 3년째 강사 신청이다. 하지만 국비 과정, 강좌 마감, 강사 신청 세 가지 다 안 될 것 같다. 혹시 1%의 가능성이라도 있을까?

여성인력개발센터에 강좌 시작 하루 전에 전화를 했다. 혹시 취소하는 사람이 있으면 공부하고 싶다고. 60대 남성 대상

'분노조절' 강의를 하는데 노인에 대한 공부를 더 하고 싶어서다. '춤, 몸 인문학' 강의는 현장 접수가 가능한지 문의했더니 대기자가 많아 안 된다고 한다. 내 몸을 유연하게 바꾸고, 동의보감 강의를 풍부하게 하고 싶었는데. 열린학교 강의는 서울시 정책이 많이 좌우한다고 한다. 시도한 세 가지 모두 원하는 대로 이루어지지 않았다. 속이 쓰리다.

사실, 가능성이 별로 없는 일을 시도했다. 하지만 물어보면서 일과 공부를 대하는 내 태도가 남편 퇴직 후에 많이 달라졌음을 알아 차렸다. 남편 퇴직 전에는 '어차피 내가 확인해도 바뀌지 않을 거야'라고 지레 짐작했다. 주어진 권리가 뭔지 잘 따져보지 않아 나중에 후회했다. 남편이 돈을 버니 일에 민감하지도 절실하지도 않았다.

남편 퇴직 후는 혹시나 하는 마음에 1% 가능성까지 확인해보는 습관이 생겼다. 바닥으로(?) 내려간 사람의 체험에서 나온 새로운 습관이다. 불편하고 쪽팔려도 확인한다. 이런 행동이 시간 낭비인지 현명한 행동인지는 모르겠다. 단지 미련을 남기지 않고 최선을 다하고 싶다. 남편이 일용직으로 땀 흘려 버는 돈의 소중함을 알기에 실수하지 않으려고 안간힘을 쓴다.

퇴직 후 생활은 유목생활과 비슷하다. 유목생활은 새로운 환경에 적응해야 살아남는다. 풀이 무성한 새로운 서식지로 가기 위해서는 온몸의 감각을 동원해야 한다. 어디서 어떤 바람이 불어오는지 민감해야 한다. 난 시골에서 고등학교까지 다녔다. 농촌에서는 봄에 어디 가면 쑥이 올라오는지 언제쯤 가면 캐기에 적당한지 알아야 쑥국을 먹을 수 있었다. 주변 환경을 늘 꼼꼼히 살피게 된다. 어릴 적 습관 덕분인지 이사 가면 반경 1km 이내에 어떤 가게가 있나 찾아본다. 두 번의 외국생활에서도 어디서 시장을 보면 가성비가 더 좋은지 나만의 지도를 그렸다. 월급 받는 정착자와 퇴직 후 유목민의 차이는 뭘까? 고쿠분 고이치로의 『인간은 언제부터 지루해했을까?』에서 답을 찾아본다.

> "유목민이 정착자가 되어 항상 변하지 않는 풍경을 경험하면 감각을 발휘하는 힘을 서서히 잃는다. 정착하면 인간은 뛰어난 탐색 능력을 발휘할 만한 기회가 없다. 그래서 정착자는 쓸데없어진 탐색 능력을 집중시켜 대뇌에 적당한 부담을 줄 만한 기회를 찾아야 한다."

정착자로서의 월급생활은 끝났다. 지루하지 않게 됐다. 퇴직은 잠자고 있던 탐색 능력을 발휘하기 좋은 조건이다. 긴장되고 부담이 있지만 어려운 일을 해내면 성취감이 있다.

남편 퇴직 전에는 안정된 삶을 최고의 가치라고 여겼다. 아파트 광고에 나오듯 온 가족이 푸른 풀밭에서 밝게 웃는 단란

한 모습을 그렸다. 그런 광고를 보며 생각했다. 33평 내 집에 자식들은 공부 잘하고 남편 월급이 제때 나와 돈 걱정 없는 삶을 그렸다. 한때 그렇게 살았다. 하지만 남편 퇴직 이후는? 안정된 삶은 없다. 내일 어떻게 될지 알 수 없다. 정해진 길이 없으니 탐색 능력을 활짝 열어야 한다. 1%의 가능성이 있다면 오감을 열고 쪽팔림을 무릅쓰고 알아본다. 가능성이 없으면? 빨리 미련을 버리면 된다.

[퇴직 후 오감 능력을 확장하는 법 Tip]

퇴직은 유목생활이다

지루하지 않은 생활이다

탐색 능력을 발휘하기 좋은 생활이다

친구가
"너는 노는 아줌마잖아"
라고 말했다

익숙한 단어가 갑자기 다르게 들릴 때가 있다. 평소에는 내가 어떤 사람인지 생각을 안 하고 산다. 그러다 옆에서 "너는 ○○한 사람이잖아"라며 훅 치고 들어올 때 비로소 '나는 누구인가?' 심각하게 생각하게 된다. 나는 누구이며 뭘 하며 살고 있는지를 진지하게 고민하게 된다. 최근에 친구랑 통화를 하다 내 정체성을 돌아보게 됐다. 통화한 날 무슨 일이 있었는지 '다시보기'처럼 되돌려본다.

그날 아침 9시부터~12시 30분까지 대학원 기말시험 준비로 A4 용지 7장을 정리했다. 같이 듣는 친구가 수업 내용 정리를 부탁했다. 친구는 감귤농장을 하는데 수확철이라 바빠 정리할 시간이 없다. 메일로 얼른 보냈다. 그리곤 점심을 간단히 먹었다. 오늘은 50플러스센터에 성장사업보고서 마감일이라 A4 용지 72장을 정리해서 1시 30분에 사무실에 제출했다.

다음 일정은 동작 50플러스센터다. 2시~4시 특강을 신청했다. 30분 내에 전철로 환승하기 위해서 빨리 걸었다. 시계를 보니 10분 여유가 있다. 얼른 종로3가 의류 매장에 들렀다. 큰아들 생일이라 머플러를 살까 하고 1층에서 3층까지 쓱 둘러봤다. 아들 생일날 오전에 강의가 있어 미역국 대신 대구 지리를 끓여주어 미안했다. 아들이 회사에 다닌 지 2년째다. 괜찮은 머플러를 선물하고 싶었는데 뭘 살지 결정하지 못하고 5분 만에 나왔다.

동작 50플러스센터에서 2시에 정신보건센터에서 마련한 분노조절 특강을 들었다. 남자 강사인데 목소리도 좋고 사례가 풍부해 강의가 재미있었다. 한 사람도 졸지 않고 수업 참여도가 좋았다. 나도 수강생을 재미있게 이끄는 강의를 하고 싶어 강사의 멘트에 귀 기울여 들었다. 수강생 질문이 이어졌다. 부부 싸움과 자녀, 배우자에 대한 궁금증이 많았다. 활용하고 싶은 내용을 열심히 메모하고 사진을 찍었다.

수업 끝날 때 강사에게 분노조절 스터디모임이 있는지 물어보았다. 강사는 사단법인을 운영하는데 가정설계사라는 자격증 과정이 있다고 한다. 나중에 가정설계사를 들을까 하는 고민을 잠시 했다. 4시에 강의가 끝났다. 특강 들으면서 눈인사를 나눈 사람과 카페에서 30분간 대화를 했다. 그 여성은 사회복지학 박사이고 공직에서 최근 퇴직했다. 50플러스센터에서 정서와 관계에 대해 '열린학교 강의'를 하고 싶어 했다. '열린 강사'로 먼저 경험한 내용을 알려주고 일어섰다.

다음 약속 장소인 홍대입구로 향했다. 7년 전 독서클럽에서 알게 된 언니가 일하는 곳이다. 그 언니는 여성 의류를 만든다. 제작과정을 블로그로 홍보해 수출까지 한다. 그 언니가 소개한 블로그 수업을 듣고 나도 5년 전부터 블로그에 글을 쓴다. 나 역시 블로그를 통해 강의 요청이 들어왔다. 옷 만드는 언니와 같은 독서클럽 멤버였던 그림책 읽어주는 친구, 셋이서 만났다. 간단한 저녁을 먹고 집에 오니 밤 10시가 넘었다.

그런데 노량진역에서 홍대입구로 가는 시간에 옛 친구와 통화를 했다. 친구는 사이버대학에서 공부하고 싶은데 국가 장학금이 어떤지 궁금해 했다. 궁금증을 알려주고 독서클럽 친구 모임이 있어서 이동 중이라고 했더니 친구 왈, "노는 아줌마가 제법 바쁘네" 하는 게 아닌가. 순간 "내가 노는 아줌마라고? 나, 생계를 책임지는 사람이야. 노는 아줌마 아니야. 내가 특강을 듣고 친구를 만나는 것 내 나름의 사회활동이야"라고 반박했다. 친구는 당황한 듯 "그럼 내가 말을 잘못했네"라고 인정했다.

노는 아줌마는 생계를 책임지지 않는 사람인가? 그 말은 '너는 팔자가 좋아 노는구나'라는 의미일까? '노는 아줌마'라는 말이 귓가에서 떠나지 않았다. 미혼 때부터 알던 친구라 허물이 없다고 생각했을까. 친구는 "너는 남편 잘 만나서 고생 안 하고 호강한다"고 종종 말했다. 친구 말이 맞다. 친구에 비하면 고생 안 했다. 친구는 결혼 후 자영업으로 가족 생계를 책임졌다. 하지만 나는 전업주부로 놀고 있었나? 전업주부는 놀아도 되는 사람인가? 누가 부르면 언제든지 가고 그렇지 않으면 늘 시간이 남는 한가한 사람인가? 나 스스로에게 그리고 그녀에게 물음표가 쏟아졌다.

스스로에게 질문을 하면서 내가 변한 점 한 가지를 발견했다. 예전에는 듣기 싫어하는 말을 들으면 긍정도 부정도 안 하고 그냥 말없이 넘어갔다. 시간이 지난 후에야 화가 났다. 그때 아니라고 조리 있게 말할 걸 후회했다. 이번에는 순발력(!) 있게 막았다. '나, 노는 아줌마 아니야. 오늘 내 일정을 알면 네가 나를 노는 여자라고 할 수 있을까?' 이런 말까지 하지는 못했지만 바로 반박할 수 있어서 후련했다. 그녀에게 일정 확인을 보고해야 하는 의무는 없지만.

친구가 생각 없이(?) 던진 말에 픽 쓰러지지 않는 맷집을 가지게 됐다. 이제는 우물쭈물하지 않고 나를 표현할 수 있게 됐다. 하지만 나의 정체성에 대해 질문해본다. 나는 어떤 사람인가? 나는 여러 페르소나(모습)를 지니고 살고 있다. '나는 어떤 사람이다. 나는 누구다'로 규정할 수 없는 여러 역할을 한다. 노는 아줌마, 엄마, 큰며느리, 아내, 동의보감 · 분노조절 강사, 퇴직부부 상담가, 동영상촬영 조연출, 지식경연 기획자 등 뭐든지 가능하다. 남편 퇴직 후 나의 모습이 더 다양해졌다. 대학원 친구는 수업 정리해주어 고맙다고 귤 한 박스를 보냈다.

[나는 누구인가? 알아가는 Tip]

누군가가 '나'를 ○○하다고 정할 수 없다

'나'는 여러 가지 모습이다

남편 퇴직 후 아내는 다양한 활동을 한다

조급하고 두려워하는
성격을 인정하다

건강가정지원센터에서 상담 4주째다. 겨울에 접어들자 마음이 가라앉았다. 국가에서 운영하는 센터에 개인 상담을 신청했다. 3주째 했던 MBTI, MMPI 검사 결과를 받았다. 특별히 주목할 만한 내용은 없지만 조급함과 두려움 항목이 높았다. 상담사가 이 정도 수치면 6회기(일주일 1회)에서 4회만 해도 되지 않겠느냐고 물었다. "좋습니다. 이번으로 마칠게요." 상담을 더 받으면 상담사에게 의존하고 넋두리를 늘어놓을 것 같았다.

난 조급한 면이 있다. 가끔 자기소개 할 때 "저는 성격이 느긋하지 못해 곰국을 못 끓여요"라고 말한다. 인내심이 없는지 기다리질 못한다. 배가 고프면 나부터 먹어야 식구들 밥을 할 수 있다. 이런 현상을 고치지 못할 거라 생각했다. 그런데 니시

오늘, 남편이 퇴직했습니다

건강요법을 알게 되면서 달라졌다. 아침을 안 먹고 16시간 정도 견딜 수 있다.

상담사가 두려움 항목을 보고 물었다. "돈에 대한 두려움이 많은데 노후에 돈이 없으면 어떻게 될 것 같으세요?"라고. "기초 노령연금이 나오니 굶어죽는 일은 없을 것 같은데요. 어떻게든 살게 되겠죠." "그러면 돈을 두려워 할 필요가 있나요?" 상담사가 되물었다. 그리고 왜 돈을 두려워하게 됐는지 질문했다. 2~3분간 대답을 못하고 과거를 더듬어 보았다.

대학 4년 동안 열두 번을 이사했다. 부모님의 지원이 없으니 친척 집에 얹혀살다 밀려나고 싼 곳으로 옮겨 다녔다. 게다가 부모에게서 정서적·물질적으로 지지받지 못했다. 아버지는 20세면 남자든 여자든 독립해야 한다고 등록금을 한 번도 안 주셨다. 한겨울 자취방에 연탄이 없어 추워서 전기장판을 썼다. 그러다 주인집에 혼나고 라면을 먹는데 김치가 없어 잘 안 넘어갔다. 그 후 라면은 잘 못 먹는다. 그런 기억들이 막걸리의 앙금처럼 내 무의식 속에 가라앉았다. 그래서 돈이 없으면 불편하다는 생각이 굳어진 것 같다.

남편 퇴직 후는 왜 두려울까? 초기에는 '어떻게든 되겠지' 하며 퇴직금을 헐어 썼다. 한 달에 몇 백씩 쓰니 2년이 지나 바닥이 보였다. 남편 통장이 텅 비어 내 통장에서 1,000만 원을 꺼내 썼다. 동네 신협에 저축하러 갈 때는 믹스 커피 한 잔을 마셔도 당당했다. 해약하러 가니 차례를 기다리는 동안 물 한잔 마시는 것도 눈치가 보였다. (아무도 눈치주지 않았지만) 손에 쥐고 있던 모래가 스르륵 빠져 나가는 느낌이었다. 어쨌든 내 통장도 곧 바닥이 났다.

퇴직 후 아무 것도 없을 때까지 내려가 보라. 소위 믿는 구석이 있으면 마음이 안 움직인다. 나 역시 남편 통장에 돈이 얼마 남았는지 몰랐을 땐 안 움직였다. 내 통장까지 바닥을 보이자 "앗 뜨거워" 하고 급해졌다. 한편, 둘이서 같이 있는 시간이 많을 때면 이런 생각도 들었다. '차라리 빨리 돈을 없애버리는 건 어떨까? 남미로 여행가서 몇천만 원 쓰고 돈이 없으면 어떤 일이든 하겠지.' 이런 생각까지 했다.

퇴직 후 일하기 전까지 '더 좋은 가능성이 있을 거야'라는 기대가 사람 잡는다. 잔인한 것 같지만 아무것도 남김없이 사라져야 비로소 움직인다. 물론 바닥을 보이기 전까지 불안해서 적게 쓰고 조심한다. 시장에 부부가 같이 가면 "요즘 물가가 왜 이리 비싸지?" 구시렁거리게 되고 경조사비, 카드 쓰는 것에 예민해진다. 이런 일이 모이면 부부간에 의견 차이로 크고 작은 싸움이 생긴다.

또한 20년, 30년을 같이 살면서도 자신의 약한 점을 잘 안 보이려고 한다. 마치 상처 입은 짐승이 조용히 상처를 핥고 있는 것처럼. 상처(바닥)를 드러내는 것을 싫어한다. 그래서 통장 바

오늘, 남편이 퇴직했습니다

닥을 보일 때까지 아무 대책 없이 있기 쉽다. 하지만 바닥 상황을 부부가 함께 알아야 한다. 딱딱하고 차가운 바닥을 같이 힘껏 차야 올라갈 수 있다. 무슨 일을 하든 생활비를 벌 수 있다.

건강가정지원센터에서 상담한 첫 번째 이유는 답답함을 누군가 들어주었으면 하는 바람이었다. 퇴직 후 남편도 마찬가지 겠지만 가끔 아무도 안 만나고 싶다. 우울해진다. 특히 과거 이야기는 평소 알던 사람에겐 말하기 더 어렵다. 그럴 때는 전혀 모르는 사람과 말하는 것(상담)이 좋은 방법이다. 상담을 마무리하면서 나 자신을 돌아보았다. '남에게 신세 한탄하고 있었나? 그러려고 상담 신청했나? 그건 아니지' 싶었다. 하지만 나를 좀 더 알게 됐다. 4회기 상담과 검사 결과에서 '조급함과 돈에 대한 두려움'을 보았다. '그래, 내가 조급하고 두려워한다는 점을 인정하자. 이 정도에 죽기야 하겠어. 설령 죽는다 해도 무슨 걱정인가. 두 아들은 성인이 되어 본인 앞가림하지, 남편은 이제 밥을 할 수 있잖아.'

[상담을 하면 알게 되는 점 Tip]

상담에서 털어 놓으면 풀린다.

니의 약점을 인정한다

돈이 없어 죽지는 않는다

일이 없을 때가
실력을 키울 기회다

D센터 강의 담당자에게서 카톡이 왔다. '분노조절' 수강생을 모집 중인데 신청자가 적다고 한다. 걱정하던 일이 일어났다. 담당자에게 "어떻게 하면 수강생을 늘릴 수 있을까요?" 물었다. 특별한 방법은 없단다. 아직 열흘 정도 남았으니 기다려보는 수밖에 없다. 9월에 50플러스센터 세 군데에 강의 계획서를 내었는데 두 군데는 떨어졌다. M센터는 1년에 세 번 이상 강의하지 못하는 조건이었다. 계획서를 내었더니 담당자가 알려주어 알았다. E센터는 그곳 강사 역량과정을 들으면 가산점을 준다. 강사 역량과정을 안 들어서인지 불합격이다. 한 곳에라도 강의할 것으로 기대하여 먼저 김칫국(강사료)을 마시고 10월에 3박 4일 중국여행을 신청했는데….

E센터에서 강의를 할 수 없다는 문자를 받고 힘이 빠져 아무 것도 하기 싫었다. 시무룩하게 하루를 보내다 결국 남편에게 털어 놓았다. 말할 대상이 가까이 있어 다행이다. 물론 남편이 내 말을 들어주기만 하면 좋은데 판단하는 한마디에 기분 나빠 질 때도 있다. 마음이 약해진 상태일 때는 남편이 어떤 말을 해도 귀에 들어오지 않는다. 그렇다고 혼자서 꾹꾹 눌러 놓으면 속이 탄다.

"이번 분노조절 강좌에 수강 신청자가 적어서 고민이에요." 하소연을 했다. 밤 12시에 일하고 온 남편은 밥 먹은 후 종일 참았던 담배 한 대 피우고 말없이 잠자리에 들었다. 코를 고는 남편 옆에서 '왜 신청자가 적을까? 제목이 확 끌리지 않아서일까? 요즘 중년기의 고민과 어울리는 내용인가?' 잠을 못 이루며 생각했지만 어떻게 해야 할지 모르겠다. 어제 저녁 그냥 잠든 남편이 아침 식탁에서 말했다.

"당신이 거기서 돈을 벌려고 하니까 강의가 없으면 괴로운 거야. 재능 기부를 하거나 경험을 쌓는다고 생각하면 부담이 덜 하잖아" 맞는 말이다. 인정하지만 내 생각은 달랐다. 그냥 재능 기부하기보다 강의 경험도 쌓고 적은 수입이라도 벌려고 했다. 대학원 등록금을 퇴직한 남편에게 기대지 않고 내 힘으로 준비하겠다고 큰소리쳤기 때문이다. 3학기 등록금 나올 곳이 막막해졌다.

수입은 적지만 하고 싶은 일은 많다. 남편 퇴직 후 내가 나서서 미니멀리즘으로 살자고 했다. 하지만 늘 줄이며 숨죽이며 살고 싶지는 않다. 가끔씩 여행도 가고 싶다. 이번에 친구와 중국 가는데 남편에게 조금 미안하다. 아내와 같이 가는 걸 좋아하는 사람인데 함께 가기엔 비용이 부담스러웠다. 그래도 친구와 여행가고 싶다고 하자 흔쾌히 허락했다. 여행비를 주지는 못하지만.

남편 퇴직 후 지출을 대폭 줄였다. 간판 없는 가게에서 산 못난이 과일과 채소를 먹으며 생활비를 최소한으로 줄이고 있다. 하지만 강의가 없으면 힘이 빠진다. 경제적으로 남편에게서 자립하고 싶은데 잘 안 되니 미안하다. 강사가 생계비를 버는 경우는 흔치 않다.

특히 나 홀로 강사는 모집공고를 열심히 보고 쫓아다녀야 한다. 트렌드에 민감해야 한다. 박사를 따서 학문의 높은 경지에 올랐거나 남이 경험하지 않는 색다른 경험으로 잘 풀어가지 않으면 자리 잡기 힘들다. 당연히 실력이 있어야 하고 운도 따라주어야 한다. 그렇게 해도 강사로 생계비를 벌려면 2~3년, 아니 10년 이상이 걸릴지 알 수 없다. 그래서 '수입이 일정한 일용직을 하는 것이 현실적인 대안이지 않을까?' 고민한다. 하지만 매일 8시간 서서 일하는 친구는 아서라 말린다. 사실 용기가 나지 않는다. 몸이 쉽게 피곤해지는 체질이라 감당을 못할 것 같다.

D센터에서 강의를 하게 될지 못하게 될지는 아직 모른다. 강의를 해서 대학원 등록금에 보태고 싶다는 마음이 간절하고 경제적 독립을 하고 싶다. 강사로 생계비를 벌고 책을 사고 공부를 할 수 있기를 원한다. 그러려면 돈을 못 버는 시기에는 어떻게 하면 좋을까? 일이 없을 때가 실력을 키울 기회다.

이번에 수강생이 적다는 말은 큰 스트레스이자 자극이 됐다. 공부를 더 깊이 하고 수강생이 원하는 강의가 뭔지 깊이 연구하라는 신호다. 어떤 스님이 말했다. "풋과일은 익을 때까지 차가운 바람을 맞고 서리에 견뎌 깊은 맛이 나게 만들라"고. 그 말은 나에게 해당하는 말이다. 일단 목요일에 있는 70대, 80대 여성들을 위한 분노조절 강의에서 어떻게 그분들과 재미있게 수업을 할 것인지 연구했다. 그분들의 이야기를 듣고 공명할 수 있도록 귀를 열자고 결심했다.

노인복지관 70대 여성 수강생들에게 어떤 강의가 적합할까 고민하다 도서관에서 『여자전, 한 여자가 한 세상이다』 책을 빌렸다. 책에는 '현대사를 맨몸으로 헤쳐 온' 7명의 용감한 여성이 나온다. 80대 여성들이다. 그녀들은 젊은 시절 여자 빨치산으로, 팔로군으로, 위안부로, 안동 종갓집 종부로 굴곡진 삶을 살아오신 분들이다. 그분들에겐 어려운 인생을 살아낸 당당함이 있다. 수강생들은 어떤 이야기를 품고 있을까? 내 강의를 통해 수강생이 자신의 장점을 발견하고 즐거우면 좋겠다. 그런 생각들을 하고 있자니 자연스럽게 분노가 줄어든다.

[실력을 키우는 방법 Tip]

풋과일은 익을 때까지 차가운 바람을 견뎌라

일이 없을 때가 실력을 기를 때다

각자의 장점을 발견하게 돕는다

유튜브 채널에서
퇴직 인터뷰하다

유튜브 채널 '이야기보따리TV'에 남편 퇴직 이후 달라진 내 생활에 대해 이야기를 풀었다. 인터뷰 내용을 링크해서 지인들에게 카톡으로 보냈다. 공감한 분이 있고 의례적인 인사를 보내준 분도 있다. 공감해준 분에게 눈물 나게 고마웠다. 물론 인사를 보내준 분도 고맙다. 무응답도 있으니까. 카톡 홍수 속에서 시간 내어 한 마디라도 해주니 얼마나 힘이 나는지! 피드백을 받으면서 결심했다. 누군가가 살아 있다고, 인정받고 싶다고 문자와 카톡으로 영상을 보내온다면 나 역시 꼭 댓글을 보내겠다고. 동영상 보낼 때의 내 마음이 간절했음으로.

동영상을 찍기 전 사전 인터뷰를 했다. PD는 말하기 어렵지 않게 구성을 짜주었다. 본인이 듣고 이해가 안 되는 내용은 다시 물었다. 그런 분위기에서 생각나는 대로 살아온 이야기를 했다. 내 이야기는 지지리 궁상 고생담도 아니고 화려한 영웅 담도 아니다. 흔히 만나는 옆집 아내가 겪은 남편 퇴직 후 생존 기다. 하지만 나는 내 이야기를 풀어놓음으로 위안이 됐다. 남편이 아닌 다른 남자, 어른 남자(PD)가 진지하게 내 얘기를 들어 주다니! 기분이 좋았다. (K피디와 H카메라감독에게 흑심이 있어서 그런 거 아니다^^) '내가 살아가는 삶이 의미가 있구나' 하는 자존감이 차올랐다.

사람들은 자신의 이야기를 털어놓지 않으면 고립감을 느낀다. 그래서 이야기로 털어내는 것이 중요하다. 주변은 '먹고사니즘'이 우선이다. 다른 사람이 어떻게 사는지 진지하게 들어 줄 시간이 없다. 들으면 골치 아프다고 생각한다. 그리고 '도와 줘야 하나' 갈등을 일으키는 이야기는 듣고 싶어 하지 않는다. 그러니 가족을 포함하여 가까운 사람에게는 고민을 말하지 않는다.

요즘 젊은 사람들에게는 부모님이 4명이라고 한다. 생물학적 부모와 유튜브에서 토닥여주는 부모다. 현실에서는 부모에게 제대로 자신의 감정을 표현하지 못한다. 퇴직한 사람도 마찬가지다. 이런저런 사정을 말하고 싶어도 제대로 들어주는 사람이 없다. 넋두리 같아 어디에 말 할 곳도 없다. 고립된다. 친하게 지낸 모임의 단톡방에서도 무반응이다. 승진이나 대학 입

오늘, 남편이 퇴직했습니다

학 등 기쁜 소식에는 환호한다. 하지만 퇴직 후 삶에 대해 딱히 뭐라고 반응해주기 어려운지 말이 없다.

억울했던 감정, 슬펐던 감정, 힘들었던 감정을 말로 하면 잘 풀린다. 신기하게도 감정이 풀리고 씻겨 나간다. 좋은 감정이든 힘든 감정이든 감정은 흘려 보내야 한다. 그렇게 하면 다시 힘을 내어 길을 떠날 수 있다. 유튜브 채널에서 인터뷰한 것처럼 이런 통로가 많아지면 좋겠다.

"정말 간절하게 원하면 전 우주가 나서서 도와준다. 그리고 꿈이 이뤄진다"는 말처럼 여러 사람의 관심을 받았다. 도와주는 기운을 느꼈다. 답글 보내준 분들에게 감사하다. 보내준 글 덕분에 '나는 혼자가 아니다. 여러 사람의 에너지를 받고 있다'고 생각한다. 좋은 에너지를 책을 써서 나누고 있다.

[인터뷰를 하며 알게 된 것 Tip]

이야기를 털어 놓으면서 고립감을 푼다

나는 혼자가 아니다

여러 사람의 도움으로 산다

나는 무엇을
잘할 수 있을까?

건물주가 되는 꿈을 꾸지 않았다. 로또를 사본 적도 없다. 이 두 가지는 나에게 일어나지 않는 일이라고 생각했다. 그런데 계속 꾸는 한 가지 꿈이 있다. 바로 저자가 되는 것이다. 저자가 되겠다고 10년 전부터 꿈을 꾸었다. 꿈을 실천하기 위해 줄리아 카메룬의 『아티스트 웨이』를 읽고 저자가 안내하는 대로 '모닝페이퍼'를 백일 동안 썼다. 매일 30분씩 떠오르는 생각을 멈추지 않고 썼다. 무슨 내용을 썼는지는 잊었다. 하지만 한 가지 생각나는 것은 빌리 그레이엄 목사(1918년~2018년. 세계적인 부흥목사. 미국 대통령의 영적 지도자로 불림)처럼 수만 명이 모인 곳에서 강연을 하는 거창한 꿈이었다.

7년 전, 한 독서클럽에서 활동할 때 책을 쓰겠다고 말했다.

모임을 이끄는 선생님이 무슨 내용으로 쓸 거냐고 물었을 때 똑 부러지게 대답을 못했다. 그 독서카페에 글을 올리다가 블로그를 만들어 글을 썼다. 몇 년을 올려 양은 많아졌지만 책으로 쓰지 않았다. 책을 낸다는 막연한 아이디어만 있을 뿐 혼자서는 진도가 나가지 않았다. 그러다 '지식커뮤니케이터' 과정에서 책을 쓰고 싶어 하는 친구 두 명을 만났다. 같이 책을 쓰자고 의기투합했다.

책쓰기를 지도할 선생님을 찾았다. 가까이 있었다. 같이 지식커뮤니케이터 수업을 들은 분 중에 있었다. L선생님은 책을 두 권 내고 50플러스센터에서 '나도 저자다'라는 강의를 한 분이다. 선생님은 매일 꾸준히 쓰는 게 중요하다고 했다. 선생님의 책쓰기 밴드에 글을 올리는 '책쓰기 100일 프로젝트'가 시작됐다. 하루에 한 꼭지씩 백일 동안 쓰는 프로젝트다. 거의 매일 글을 올렸다.

'나도 저자다, 책쓰기' 밴드에 글을 올리면 선생님과 밴드 친구들이 읽고 댓글을 달고 서로 응원을 했다. 난 '이렇게 좋은 기회는 다시 없다!'라고 생각했다. 매일 자정 마감 전까지 글을 올렸다. 혼자 쓸 때는 써도 그만, 안 써도 그만이었다. 아무도 보지 않으니 속도가 안 나갔다. 밴드는 지켜봐주는 분들이 있으니 약속을 실천하려고 노력했다. 초저녁에 30분을 자다가도 벌떡 일어나 '오늘도 자정 전에 올려야지' 하며 썼다. 댓글을 달아주는 친구와 선생님이 있다는 게 얼마나 큰 힘이 되는지! 쓰는 기쁨을 알게 된 인생의 황금기였다. 칭찬은 고래도 춤추게 한다고 했지만 나에겐 댓글과 응원이 계속 쓰는 힘이 됐다.

밴드 친구들은 온라인에서 친해져 오프라인에서 자주 만났다. 만날 때 나는 준비한 책의 차례를 가져가 의견을 들었다. 중소기업을 경영해서 퇴직과는 거리가 있는 분도 있었다. 하지만 그 분도 50대 이후 부부가 일을 나눠서 하는 부분은 공감했다.

밴드에 글을 올리면 나를 좀 더 알게 된다. 나를 개방하면 혼자서는 보지 못하는 부분을 "앗 그걸 놓쳤네" "그 일에 대해 다른 생각을 할 수 있구나" 하고 깨닫게 된다. 나를 먼저 오픈하면 친구가 많아진다. 알고 싶은 것을 적극 물어볼 수 있다. 한 분야를 정해 길을 가면 곳곳에 도와주는 사람이 생긴다. 우리는 다른 사람을 도와주는 선한 마음이 있다. 도와주는 즐거움은 깊은 곳에서 차오르는 충만한 느낌이다. 일이 없을 때, 앞으로 나가지 못할 때 '나의 강점과 기회' SWOT 목록을 점검해보자. 위기는 기회다. 나의 SWOT 분석을 예로 들어본다.

책쓰기의 SWOT 분석

1. 강점＋기회: 강점을 살려 기회 포착

√매일 한 일을 SWOT 분석에 기록한다

√SWOT를 보면 새로운 일, 아이디어를 찾을 수 있다

√나를 알리는 기회를 넓힌다

√다른 경험을 한 사람들과 온오프라인에서 대화하면 아이디어가 풍부해진다

2. 기회 + 위기: 위기를 기회로 바꾼다

√남편이 퇴직했다, 다른 인생을 사는 출발점이다!

√경험이 비슷한 퇴직 남성, 여성과 대화를 통해 자료를 축적한다

√내가 경험한 퇴직 남편과의 사연을 스토리텔링으로 살려 친근하게 다가간다

3. 약점 보완, 기회 포착–블로그와 유튜브에 지속적으로 올려 홍보한다.

√하루 3시간씩 매일 쓴다

4. 강점과 위기: 강점을 살려 위기 극복하기–빠른 피드백으로 역동성을 살린다

√매일 쓰고 검토해본다

√밴드에 올려 피드백을 받는다

√피드백 받고 글을 다시 정리해서 블로그에 연재한다

√더 보완할 부분을 찾는다

SWOT 분석을 하면 나의 현재를 더 잘 알 수 있다. 나는 퇴직자 아내가 경험한 내용으로 책으로 쓴다. 은퇴부부가 잘 살아가는 방법을 쓴다. 그들을 상담하고 5년, 10년 후 미래를 설계하는 데 도움을 준다.

우리는 스스로 브랜드를 만드는 시대에 살고 있다. 자신이 브랜드가 되는 시대다. 나는 은퇴부부 전문가다! 이 책을 읽는 여러분은 어떤 분야애서 자신의 브랜드를 만들고 싶은가? 오늘부터 시작해보자. 매일 할 수 있는 일을 찾아보자.

[기회를 살리는 방법 Tip]

도와주는 친구가 있으면 기회가 온 것이다

주변에서 피드백 해주면 무조건 계속하라

기회를 살리면 스스로 브랜드가 된다

오늘, 남편이 퇴직했습니다

나를 촉촉하게,
영양크림 같은 자기관리

E씨는 50대에 사회로 나왔다. 처음에는 적응하느라 정신이 없었다. 사회활동에 익숙해지자 여행을 꿈꾸게 됐다. 어느 프로그램에서 '자신을 위한 실천'을 발표했다. "이번에는 저 혼자 여행 갈 거예요." 생각만 해도 설레는지 목소리가 들떴다. 미리 지자체와 연계한 여행상품을 검색했다. 그녀는 왜 혼자 여행하려 할까?

남편은 집에서 자주 만나고, 딸은 취업 준비하느라 바쁘고 친구는 시간 맞추기가 어렵다. 몇 년 전 E씨 남편이 퇴직해서 집으로 돌아왔다. 남편이 집에 있으니 시부모 돌보는 일을 맡기고 사회에서 활동하기 시작했다. 사회에 나오자 관성의 법칙에 의해 매일 바쁜 스케줄이 생겼다. 하루에 두 가지 이상 일을 한다. 오전엔 활동가, 오후엔 선생님, 주말에는 공공기관 활동가로 몇 년을 바쁘게 살았다. 앞만 보고 뛰었다.

그 프로그램에 참여하면서 알게 됐다. '자신을 돌보지 않고는 오래 일하기 어렵겠구나. 방전되어 쓰러지겠구나. 그렇다면 내가 지금 원하는 게 뭘까? 여행이다. 같이 갈 사람이 없다면? 혼자 떠나보자. 새로운 장소에서 낯선 상황을 즐겨보자'는 생각이 들었다. 그 프로그램에 참가했던 다른 여성들에게는 어떤 이야기가 있을까?

일이 많은 N씨는 친정엄마가 최근에 치매 진단을 받았다. 엄마 모시고 병원 다니는 일이 잦아졌다. 일하고 엄마 돌보느라 입술이 부르텄다. 그녀가 원하는 것은 하루 동안 조용히 집에 있는 것이다. 좋아하는 음악 듣고 마음대로 쉬기다. 일에 지친 사람에게 간절히 필요한 건 가만히 있는 시간이다. '나'를 위한 시간을 가지자 영혼이 숨 쉬는 것 같았다고 한다.

40대 여성 G씨는 평소에 음식을 안 한다. 남편이 요리를 한다. 이번 계획은 내 손으로 맛있는 음식을 해서 가족과 먹기다. 음식은 거의 안 해 자신이 없었는데 갈비찜은 어렵지 않았다고 한다. 압력솥에 넣고 한 시간 찌니 고기가 부드러워지고 뼈가 쏙 빠졌다. 입에 살살 녹는 맛이었다. 때로는 내 손으로 만든 음식을 가족과 함께 먹는 일이 힐링이 되기도 한다.

강사로 뛰는 50대 여성 F씨는 좋은 엄마이자 일 잘하는 사람으로 칭찬받고 싶었다. 하루는 아들에게 음식을 만들어 주면서 "엄마가 만든 음식 맛있지? 이럴 때 뭐라고 하는지 알아?" 대학생 아들은 "……(묵묵부답)" 조금 생각하다가 "자화자찬, 과대망상?", "그런 말 말고 칭찬하는 말, 사자성어 있잖아, 엄마 칭찬해 봐" 그러자 아들 왈 "금시초문". 엄마가 듣고 싶은 말은 "팔방미인, 금상첨화"였다.

내 실천 계획은 책쓰기였다. 매일 3시간씩 쓰고 사례를 모으고 인터뷰와 차례를 다듬기로 했다. 말의 씨를 뿌렸더니 말한 대로 하고 있었다! 책쓰기 밴드에 꾸준히 글을 썼다. 계획한 일을 실천하니 자존감이 올라갔다.

자기관리는 자신이 뭘 원하는지 주의 깊게 듣는 작업이다. 자신을 돌아볼 시간이 없는 경우 몸과 마음에 쌓이는 감정이 풀리지 않는다. 미운 감정이든 좋은 감정이든 어떤 종류의 감정도 일어날 수 있다. 그런 감정을 인정하고 흘려 보내면 건강하다. 자신의 역할에 과부하가 걸려 괴롭다면 하루, 1박 2일, 잠깐이라도 자신에게 집중하는 게 필요하다. 때로는 가족의 충분한 지지가 중요하다. 그러지 않으면 "나는 누구, 지금 왜 이러고 사나?" 방향을 잃는다. 나 역시 가끔 길을 잃는다. 책쓰기를 하고 있지만 과연 이 길이 맞나 심각하게 고민하다 우울감에 빠지기도 한다.

고갈되기 전에 몸과 마음에 신호가 올 것이다. 이때 혼자 떠나는 힐링 여행이나 조용히 쉬는 시간은 얼굴을 촉촉하게, 광나게 해주는 영양크림과 같다. 본인이 원하는 일을 하면 얼굴에 생기가 돌고 빛이 난다. 주변 사람의 칭찬을 듣고 싶다면 '알아서 말해주겠지' 기다리지 말고 적극적으로 말의 씨를 뿌린다. 아들과 말을 나눈 지 며칠 후 F씨가 일하러 나갈 때 아들이 말했다. "잘 갔다와요, 팔방미인."

[50대 여성의 자기관리 Tip]

자기를 돌보는 시간이 반드시 필요하다

자신이 하고 싶은 일을 하면 얼굴이 빛난다

듣고 싶은 말이 있으면 먼저 말의 씨를 뿌린다

오늘, 남편이 퇴직했습니다

자뻑, 자주 할수록
자존감이 높아진다

나는 두 시간씩 8주간 분노조절을 강의한다. 수강생은 첫 시간에 "분노조절 잘하는 비법이 뭔가요? 빨리 가르쳐 주세요"라고 요구한다. 분노조절 수업에서 가장 많이 듣는 말이다. 하지만 50년~80년 살아온 습관을 한방에 바꾸기는 쉽지 않다. 사람은 죽을 고비에 놓이거나 절박한 상황이 아니면 잘 변하지 않는다. 한 방에 습관을 바꿀 수 없다.

분노는 자신이 얼마나 괜찮은 사람인가를 알면 줄어든다. 자신을 돌아보며 스스로 차오르는 만족감, 충만한 느낌이 있으면 남에게 별로 화가 나지 않는다. 그렇다면 자신이 충만하다는 느낌을 어떻게 느낄 수 있을까?

자신이 잘하는 점을 발견하면 된다. 자뻑은 '자신에게 뻑가기'다. 분노조절 수업에 꼭 들어가는 프로그램이 '자뻑하는 시간'이다. 자뻑은 자신의 장점, 자신이 뽐내고 싶은 말잔치다. 수업 초반에는 80% 이상이 "저는 잘하는 거 없어요" 하다가 누군가 물꼬를 트면 술술 입을 열기 시작한다.

자뻑하면 자신이 잘하는 일이 얼마나 많은지 놀란다. 주변의 인정을 받는다. 50대 초반 여성 T씨는 지난 수업에서 "줌바 댄스를 3년 동안 하고 있어요. 기분 좋고 재미있어요. 같이 할 시간이 되는 분은 오세요." 라고 했다. 이번 주는 별로 할 게 없다고 하더니 "아~ 제가 17년 동안 주말농장을 해서 10명의 친구들에게 가을에 무와 배추를 나눠 주었죠"라고 한다. 대박! 주말농사 해봤지만 배추벌레 잡으랴 김장배추로 수확까지 쉽지 않는데 나눠먹기까지. 나눠먹는다는 것은 그 집에 배달까지 해야 된다는 뜻이다. 지인들이 맛있고 건강한 먹거리를 주어 고맙다는 말에 해마다 한다고 한다. 이런 친구가 옆에 있으면 좋다. 전원주택 사지 말고 전원주택 있는 친구를 사귀라는 말처럼 이런 친구와 친하게 지내면 배추가 온다!

60대 남성 D씨는 분노폭발 직전의 활화산 같은 상태다. 자신의 분노가 정당하다고 굳게 믿기 때문에 친한 사람이 없다. 하지만 자뻑놀이에 동참했다. 당연히 자랑할 게 있다. 유기견 두마리를 입양해서 잘 키우고 있다. 두 번째 자뻑은 북유럽 크루즈를 갔을 때 춤을 잘 추어 여러 번 앵콜 받았다고 한다. 한국

오늘, 남편이 퇴직했습니다

을 대표해서 열심히 췄다고. 멋있다. 자뻑 충분히 할 만하다.

60대 여성 H씨는 자녀를 키울 때 거의 외식을 안 했다고 한다. 엄마가 손수 만든 음식을 먹은 자녀들은 병이 거의 없었다. 지금은 손주 두 명을 키우는데 손주들이 건강하다. 요즘 많은 사람들이 직접 해먹는 게 귀찮고 힘들다고 생각한다. 하지만 H씨 가족은 병원에 거의 안 간다. 이제 남편이 퇴직해서 같이 공원을 산책한다. 남편이 60대에 집으로 돌아온 생활에 잘 적응하도록 돕는다. 손주들을 번갈아 보면서 배우고 싶은 강좌에 나가도록 서로를 배려한다고 한다. 이 시대의 현모양처가 이런 모습이 아닐까. 여성들이 바깥일을 하면서 가족이 외식을 많이 하게 됐다. 하지만 사람은 (그 주체가 누가 됐던) 집밥을 한동안 안 먹으면 마음이 공허해지고 정서가 불안하다. 몸과 마음의 기운을 북돋우는 음식이 집밥이다.

60대에 마라톤을 하는 남성 C씨는 한 복지회에서 아이를 키워 입양 보내는 일에 참여했다. 부부가 아이를 10개월 키워 미국에 보냈다. 그 아이가 중학생이 되어 방학에 부모 집처럼 찾아와서 피아노를 연주하며 같이 시간을 보낸다고 한다. 마라토너 C씨의 최근 목표는 그 아이가 있는 미국 ○○마라톤에 나가 60대에 최고 기록을 세우는 일이다. 아이가 지켜보는 곳에서 멋지게 은퇴하는 목표를 세우고 연습하고 있다. 아이에게 좋은 어른의 모델이 되고 싶은 꿈을 실천하고 있다.

자뻑 이야기를 풀어놓으면 서로에게 정보가 되고 자신감이 올라간다. '아 내가 사는 모습이 꽤 괜찮네. 재미있네. 다른 사람이 인정하고 칭찬해주네' 이런 충만한 느낌이 오면 화는 어느새 쑥 들어간다. 마음의 곳간이 커진다. 분노조절 잘하는 법, 내 안에 있다. 자뻑하면 자존감이 높아진다.

[자기자랑, 자뻑하면 좋아지는 점 Tip]

자뻑은 자존감을 높인다

다른 사람이 인정해준다

마음의 곳간이 커진다

오늘, 남편이 퇴직했습니다

50대 갱년기 여성,
서로에게 따뜻한 친정집이 되다

일요일 저녁 6시에 친구 A네 가족 3명이 왔다. 친구 딸인 B가 공무원 면접시험을 앞두고 어른 앞에서 면접 연습을 한다고 한다. A는 우리 집에서 자동차로 1시간 거리에 살고 있다. 주말에도 근무가 있어 우리 집에 오기 어려운 친구다. 모처럼 오는데 어디서 어떻게 먹을까? 오랜만인데 직접 해주기로 했다. 친구가 좋아하는 부추전에 배추된장국, 훈제오리, 야채볶음, 차조기밥을 준비했다. 도착하기 5시간 전에 부추와 당근, 홍합 등 부추전에 필요한 재료를 꺼냈다.

B는 면접 연습하느라 제대로 점심을 못 먹었다. 먼저 식탁에 차린 부추전을 맛있게 먹었다. 잠깐 쉰 후 B는 한 시간 연습했다. 우리 부부는 면접관처럼 질문하고 상 · 중 · 하 점수를 매겼

다. 시험 양식은 이미 친구가 준비해왔다. 처음으로 면접관처럼 질문하니 어떤 방법이 효과적인지 잘 몰랐다. B가 송곳 질문이 필요하다고 해서 어렵게 했다. B에게 면접관이 어떤 질문을 던져도 당황하지 않는 연습을 했다.

B는 우리 집에 오기 전 면접질문 컨설팅을 받았다. 연습을 많이 해서 당당하게 큰소리로 대답했다. 내가 만든 전을 먼저 먹고 허기를 채워서일까. 학원에서 가르친 대로 솔(Sol)톤으로 목소리에 자신이 있었다. 답변 내용은 추상적이지만 아직 19살, 고3이라 사회경험이 없어서 풍부한 사례를 이야기하기는 무리였다.

친구 A는 남편의 전 직장 부하직원 부인이다. 나보다 두 살 아래라 "언니, 언니" 하며 20년 이상 친구처럼 지낸다. 남편이 회사 다닐 때는 내가 모르는 회사 소식을 많이 알려 주었다. 남편이 회사를 퇴직한 지 5년이 지났지만 우린 친자매처럼 서로의 집을 왔다 갔다 한다.

4년 전 친정엄마가 돌아가셨다. 아버지는 13년 전에 가셨다. 고향에는 큰오빠가 살고 있지만 엄마가 안 계시니 "엄마~" 하고 부르며 갈 곳이 이 세상에 없다. 친정이 없어져 의지할 곳 없는 고아 같았다. 남편과 같이 가정을 이루었지만 친정은 감정을 편안하게 하는 둥지였다. 그래서 '나 스스로 다른 사람의 친정이 되자. 서로에게 품앗이로 친정이 되자' 생각했다. 친구

A는 친정어머니가 살아 계시지만 나이 드셔서 딸이 왔다고 음식을 해줄 수 없다. 그럼 '우리끼리 서로 친정이 되면 좋지 않을까?' 생각했다.

저녁은 물론 외식을 할 수 있었다. 친구 A가 딸 면접 봐준다고 밥을 산다고 했다. 하지만 면접 보는 B는 우리 집에 자주 오기 어렵다. 이번에 집에서 밥을 해줄 수 있는 좋은 기회다. 친구 A는 내가 만든 부추전이 세상에서 제일 맛있다고 한다. 친구가 좋아하는 메뉴를 하는 건 참 쉽다. 대접받고 싶은 모습대로 다른 사람에게 해주는 것이 삶의 작은 행복이다.

친구랑 같이 있는 시간이 기분 좋으려면 간단하다. 내 집을 친정집으로 만들면 된다. 친정은 누워 있어도 눈치 보이지 않는다. 놀아도 밥이 나온다. 친정아버지 살아계실 때 친정집에 가면 쉬고 싶은 만큼 쉬지를 못했다. 해 뜰 때까지 누워 있는 모습을 보면 잔소리를 하셨다. "해가 떴는데 뭐하냐? 움직여야지." 지당하신 말씀이다. 하지만 친정 아니면 어디서 맘껏 늘어지게 누워 있어 보겠는가. 엄마의 시골 음식은 사실 맛이 없었다. 스무 살에 집을 떠나 세월이 지나니 입에 맞지 않았다. 하지만 부모님이 계실 때 두 분은 내가 가면 "많이 먹어. 왜 이리 애비네. (말랐네. 실제는 아닌데)" 하셨다. 농사지은 참깨 한 되, 고춧가루 한 근을 꼭 챙겨주셨다.

부모처럼 챙겨주는 마음을 누군가와 공유하면 그곳이 친정이다. 친구 A는 우리 집에서 저녁 먹고 두 시간을 놀았다. 노는 동안 남편은 B를 위해 사주풀이를 해주었다. 남편이 2년 동안 동양학 공부한 실력으로 주역 괘도 뽑았다. 사회에 나갈 때 인간관계를 어떻게 하면 좋은지 말해주었다. 아직 사회에 나가지 않은 B가 귀담아 들었는지는 모르겠다. 우리는 어디든 친정을 만들 수 있다. 나도 그 친구 집에 가면 편하게 드러누워 이야기한다. 남편이 퇴직하면 인간관계가 점점 좁아진다. 손님이 집으로 오는 경우가 거의 없다. 그럴 때 상대방이 좋아하고 편안한 것을 먼저 해주면 인간관계의 깊이는 오히려 깊어진다.

[좋은 관계 만들기 Tip]

내가 대접받고 싶은 대로 남에게 해준다

인간관계의 깊이는 내가 하기 나름이다

삶의 행복은 자신이 만든다

오늘, 남편이 퇴직했습니다

예전의 상식과 기준을
조금 낮추면

부부 사이는 변한다. 당연하다고? 금실이 좋았던 부부도 남편 퇴직 후 변한다. 느리게 변하는 쪽은 주로 남편이다. 남편은 아내에게 기대했던 반응이 오지 않으면 섭섭해 한다. 기대하지 않으면 좋은데. 본인이 가진 도덕과 상식이 너무나 당연하다고 생각하고 말했는데 아내가 동의해주지 않으면 자존감이 떨어진다. 아내는 아내 생각이 있는데 남편이 물질과 정신 두 가지에 여유가 없으면 이 점을 고려하지 못한다. 부부 사이에 어떻게 대처하면 섭섭함이 줄어들까?

남편이 연말에 고향에 가서 2박 3일을 보내자고 제의했다. 일본에서 잠깐 쉬러오는 아들이 집에 오면 고향에 있는 가족들을 같이 만나자는 거다. "저번에 다녀왔잖아요." 그 말은 못 꺼내고 공부하고 휴식 시간이 필요해서 안 가고 싶다고 했다. 두 달 전 어머님 팔순에 다녀왔기 때문이다. 남편은 "당신은 뭐가 중요한데? 언제 가족과 함께할 거야?"라며 짜증을 냈다. 내 입장에서는 어쨌든 시집에 자주 가는 편이다. 시댁에 가면 자유롭지가 않다. 내가 제사를 지내니 이제는 시집에서 해야 할 큰일은 없다. 그런데도 가기 전날이면 긴장모드다. 시집에 가면 변비에 시달린다. 반면 남편은 괜찮다. 남편 입장에서 보면 가족이 함께해야 추억을 만들 수 있다. 남편은 지난 어머님 팔순에 중간고사가 겹쳐 못 간 미안한 마음을 풀고 싶기도 할 것이다.

오늘 건강가정지원센터에서 4회기 상담을 마무리했다. 상담선생님에게 "연말에 고향에 가는 일로 서로 얼굴을 붉혔어요. 남편 퇴직 후 같이 하고 싶은 일이 별로 없어요. 퇴직 전에는 부부가 같이 고향에 내려가는 것을 당연하게 생각했는데 지금은 같이 가고 싶지 않아요"라고 말했다. 상담사는 "슬프네요" "남편이 퇴직해서 힘(power)이 없다고 그가 원하는 일을 거절하면 슬프지 않나요?"고 묻는다. 지금까지 주부로서 마치 연극무대의 뒷배경처럼 보이지 않게, 큰 소리 안 나게 집안일이 이루어지도록 살아 왔다. 그렇게 가정을 뒷받침해온 공이 있는데 지금 와서 하지 않으면 예전에 잘했던 일도 의미가 없어진다고 상담사는 조언했다.

결혼 후 초기에는 내 생각을 표현하기 어려웠다. 내 의견이

오늘, 남편이 퇴직했습니다

있어도 묻지도 따지지도 않았다. 남편 역시 "니 생각은 어때?" 물어보지도 않았다. 그가 마초 기질이 많아서가 아니다. 경상도 남자이긴 하지만 나름 합리적이다. 하지만 본가 가족이 원한다면 도움을 주어야 했다. 형제간에 먼저 의논하고 나에게 통보했다.

물론 나도 방관했다. 적극적으로 나서는 순간 책임을 많이 지고 일을 더 해야 한다고 생각했다. 돈이 많이 드는 큰 결정을 내릴 때면 의견을 물어보지 않아서 "아내를 가족의 일원으로 생각하느냐"고 싸우기도 했다. 이제 시집에 안 가고 싶다고 하면 퇴직하니 힘이 없어 무시한다고 생각할 수 있다. 내 입장에선 여태까지 참아온 것이다.

상담 선생님은 조언했다. 퇴직 후 건강한 가정을 만들기 위해 어떻게 대화하면 좋을지 깊이 생각하라고. 어떻게 부부관계와 가족관계를 맺어야 현명할지, 퇴직 전까지 쌓아온 노력을 헛되지 않게 하라고. 성인이 된 내 자식에게 어떤 부모로 보일지 생각하라고. 퇴직 후 수입이 줄어든 상태에서 예전의 원가족에게 하는 것처럼 할 수 없다. 남자들은 원가족과 만날 때 변화된 상황(수입, 지출)을 터놓기가 쉽지 않을 것이다. 남편 역시 가족들에게 자신의 현재 상황을 솔직하게 말하지 않았다. 쉽게 입이 떨어지지 않았을 것이다.

퇴직 후 한쪽이 일방적으로 일을 밀어 붙이면 후유증이 생긴다. 우리 집은 고향에 가는 일이 만만찮다. 한 번 가는데 5시간 걸리니 고속버스 비용도 꽤 나온다. 명절에 다녀오니 2~3개월 쪼들렸다. 남편 일당이 주급으로 나오는데 주중에 하루를 빠지면 이틀 일당을 못 받는다. 이번에 안 가는 이유가 비용 때문이라는 말은 못했다. 남편은 내가 고향의 비릿한 갯내음과 자연산 회를 1년에 몇 번씩 먹고 싶지만 참는다는 사실을 알까.

퇴직 후 가족의 무게중심은 대개 남편에게서 아내로 이동한다. 남편이 사회적 역할을 많이 한 후 가정으로 돌아왔다. 아내는 이미 가족 간에 감정을 조율하는 데 익숙해져 있다. 남편의 힘이 내리막길로 기울어졌다 해도 지혜롭게 남편을 설득해야 집안에 평화가 온다. 그러려면 어떤 말을 쓸 때 남편이 기분 나빠 하는지 어떻게 말할 때 기분 좋아 하는지 살펴야 한다. 물론 남편도 아내를 배려해서 어떤 말을 쓰면 좋은지 연구하고 실천해야 한다.

연말에 고향에 내려가는 부분은 작은아들이 오자 자연스럽게 풀렸다. 나와 큰아들은 두 달 전 팔순잔치에 다녀와 이번에는 남편과 작은아들만 갔다. 남편은 모든 가족이 다 내려갈 수 없는 사실에 동의했다. 본인이 지닌 높은 가치 기준을 조금 낮췄다. 자식이 성인이 되어 일을 하고 아내도 일이 있으니 남편의 상식을 그대로 밀고 나가기는 무리였다. 덕분에 나는 공부를 더 할 수 있었다.

오늘, 남편이 퇴직했습니다

퇴직 후 예전의 상식과 기준을 조금 낮추면 가족관계에서 섭섭함이 덜하다. 부부 사이는 변한다. 변화의 바람이 불어올 때 잘 흔들려야 한다. 고사목과 살아있는 나무를 가르는 기준은 가지가 흔들리는지 아닌지로 판단한다고 한다. 고사목은 흔들리지 않는다. 부부 사이가 조금 마음이 안 맞아 흔들린다면 잘 살고 있다는 의미가 아닐까.

[부부 사이를 유지하는 비결 Tip]

자신의 기준과 도덕이 당연한 것은 아니다

부부가 어떤 말을 쓰면 좋은지 연구한다

예전의 상식과 기준을 낮춘다

노부모·중년부부·자식, 3대의 어깨를 가볍게!

"우리 아들을 위해 건강 공부해요" 동의보감 강의 첫 시간에 한 수강생이 말했다. 53세 여성이 왜 건강해야 하는지 이유를 덧붙인다. 자녀가 아들 하나다. 본가와 외가를 합쳐서 20대 아들 한 명뿐이다. 그래서 보살펴야 할 어른이 할머니, 할아버지, 외할아버지, 외할머니, 그리고 부모, 삼촌, 외삼촌까지. 휴~ 6명 이상이다. 물론 20대 아들이 그들의 노후를 다 책임지는 것은 아니다. 하지만 이 여성처럼 우리가 건강 공부를 하고 자기관리를 잘해야 하는 이유가 무엇일까?

오피스텔을 구입할 때 26살 분양상담사와 상담했다. 상담사는 처음에는 오피스텔을 사면 이런 점이 좋다고 장점을 홍보했다. 상담이 길어져 커피를 한 잔 같이 하게 됐다. 장소를 바꾸니 개인적인 이야기가 나왔다. 상담사가 말하길, 맞벌이 부모가 3년 전 이혼했다. 대학교 다닐 때 부모님 두 분에게서 용돈을 따로 받아서 좋았다. 한 분은 부천에, 한 분은 은평구에 산다. 주말에 한 번씩 돌아가며 부모님을 만난다. 주말에 바쁜 일이 있으면 안 만난다. 하지만 나중에 한 분이 아프기라도 하면 서로 간호할 수 없어 걱정된다고 한다.

부모님이 이혼해서 따로 모시는 케이스가 주변에 있다. 60대 중반 남성 J씨는 부모님이 90대인데 이혼한 부모를 따로따로 30년을 모셨다. 어머니가 60살이 되자 "너 아부지랑 이제는 도저히 같이 못 살겠다"고 갈라섰다. 그래서 같은 서울이지만 전철로 동쪽 끝, 서쪽 끝에 사는 부모를 따로 뵈며 산다. 두 군데를 하루에 오가기가 벅차다. 그래서 아내는 90세 되신 어머니께 반찬을 싸서 뵈러 간다. 아들은 97세 되신 아버지가 좋아하는 소주와 맥주, 안주를 준비해서 아버지를 방문한다. 다른 형제들은 한국을 떠나 살아 돌아가면서 돌볼 수가 없다. 어머니가 독립 선언할 때 이렇게 긴 세월 자식이 따로 보살피러 다녀야 하는지 예상하지 못했을 것이다.

두 가지 사례를 보면, 부부가 함께 잘 지내는 것이 자식을 도와주는 것이라는 걸 알 수 있다. 예전에 기대수명이 짧았을 때는 부모 봉양 기간이 짧았다. 농사를 짓는 가정에서는 부모를 모신다 해도 부모님은 돌아가실 때까지 가축을 돌보고 소일거리가 있어 자식과 살아도 공동체 생활과 비슷했다. 자식이 일방적으로 돌보는 것은 아니었다. 그리고 기간이 짧으니 효도하는 것이 자연스러웠다. 노후에 부모가 연로하면 보살펴야 하는 것이 자식의 도리다. 하지만 이 시대는 도리를 의무적으로 하라고 주장하기도 어렵게 됐다. 긴 병에 효자 없듯이 긴 노후에 효자를 기대하지 말자. 퇴직부부는 이런 시대에 어떻게 살면 좋을까? 가장 먼저 100세까지 자식에게 정서적, 물질적으로 기대지 않고 살겠다는 굳은 의지가 필요하다.

퇴직부부가 서로 잘 지내면 3대가 편안하다. 당연히 부부 사이가 좋으면 본인들 삶의 질이 좋아진다. 그리고 70~90대 부모는 50대 자식의 보살핌을 필요로 하는 약자다. 부모는 약자로서 자식 부부의 상태에 민감하다. 노부모의 삶의 질은 자식 부부의 영향을 크게 받는다. 젊은 자녀들도 마찬가지다. 부모 사이가 안 좋아지면 정서적으로 지지를 받지 못하고 일을 하는데도 신경이 곤두선다. 특히 한쪽 부모와 사이가 좋았던 자녀는 일방적으로 쏟아내는 상대방의 불만을 고스란히 받아내야 하는 경우도 생긴다. 누구도 이런 상황을 원하지는 않을 것이다.

부부가 꼭 같이 안 살아도 행복해지는 방법은 있다. 무조건 참고 사는 시대는 지났다. 누구도 참고 살라고 강요할 수 없다. 그리고 퇴직 후 배우자가 먼저 사망하면 혼자서 40년 이상을 살아야 한다. 또한 황혼이혼 후에도 재혼하여 즐겁게 살 수 있

오늘, 남편이 퇴직했습니다

는 등 다양한 형태가 나타난다. 그러면 중심은 무조건 부부라고 못 박을 수 없다. 혼자서도, 또한 다른 형태로 사는 기술이 필요하다.

시야를 넓혀 다른 나라를 보면 힌트를 얻을 수 있다. 이탈리아에서는 연간 2만 쌍 이상의 50대 이상 부부가 황혼이혼을 하고 이혼한 부부의 1/3이 다른 파트너를 찾는다고 한다. 성 문화에 관대한 스웨덴은 중년들 사이에 '별거 동침'이 유행이다. 각자 자기 집이 있으면서 섹스와 친밀한 시간은 함께하는 새로운 관계다. 전통적인 가족 의무에서 자유롭고 싶은 여성들이 좋아하는 관계다. 우리나라에서도 최근 졸혼, 졸부모라는 말이 많이 오르내리고 있다.

실제로 졸혼을 선언한 여성이 있다. 그녀는 30년 동안 남편과 대화가 잘 안 통했다. 누구의 일방적인 잘못이라고 하기는 어렵지만 삶의 질이 바닥이었다. 남편은 가족의 경제를 책임졌고 성실했지만 아내와 소통이 안 됐다. 아내는 답답하고 화가 났지만 같이 살았다. 그녀는 결혼 30주년에 졸혼을 선언했다. 같은 집에 살되 사생활은 간섭하지 않는다. 아내는 이제 숨통이 트인다고 한다.

어떤 형태의 중년의 삶이든 자신이 행복해야 한다. 자식과 노부모 또한 누구에게 기대지 않는 삶을 사는 것이 좋다. 가족 외에 누구를 만나든 잘 지내면 된다. 노인 복지관 분노조절 강의를 듣는 80세 여성은 3년 전까지 자식들에게 김장을 담가주었다. 그런데 아들이 이제 안 가져오셔도 된다고 했다. 어머니는 얼씨구나 좋았다. 김장할 시간에 팝송 노래를 친구들과 배우고 익혀 90대 노인들 앞에서 발표회를 한다. 즐겁게 살기 위해서라면 룸바춤을 배우러 다녀도 좋고 태극권을 해도 좋고 콜라텍에 가서 새로운 파트너랑 춤(운동)을 해도 좋다. 100년 이상 사는 동안 언제 어떤 형태의 삶이 올지 모르지만 누구에게 기대하지 않고 홀로 즐거울 수 있다면 OK.

앞서 언급한 동의보감 수강생은 자식에게 부담이 되지 않기 위해 건강 공부를 한다고 했다. 좋다. 그런데 생각의 방향을 15도 정도 돌리면 어떨까. 내가 즐거워서 아들도 즐겁게 되는 것이다. 부모나 노부모가 목을 빼고 언제 자식이 오나 기대하지 않고 스스로 즐거움을 찾는 것이다. 외아들 혼자서 여러 어른을 보살피는 것은 무리다.

20대 분양상담사의 부모님이 '내가 어떻게 키웠는데 한쪽에만 가고 나에게 신경 안 쓰네'라고 생각한다면 서로 힘들 것이다. 자식이랑 같이 있는 시간도 좋고 따로 있는 시간도 편안하면 자식이 자주 오건 안 오건 문제 될 것은 없다. 자식을 손님처럼 대하면 어떨까. 오면 반갑고 가면 섭섭하지만 그래도 "내 인생이 있잖아"라고 당당해지면 된다.

퇴직 후 부부에게 억지로 잘 지내라고 강요할 수 없다. 비용적인 면이나 정서적인 면에서, 좀 더 가까우면 좋다는 의미다. 가장 중요한 점은 자신이 중심이 되어 정서적, 육체적으로 건강한 삶을 사는 것이다. 앞서 J씨의 97세 아버지는 아들이 마련해준 오피스텔로 이사 갔다가 며칠을 못 견디고 땅을 밟을 수 있는 빌라로 옮겨달라고 했다. 아들이 해약하고 집 빼고 힘들었다. 그래도 아버지에게 간다. 90대 노인 생각을 바꿀 수는 없다. 그런데 아버지가 요즘 기분이 좋으시다고 한다. 동사무소에서 노인들을 돌보는 프로그램이 있어 젊은 사람들이 와서 반찬도 해주고 잘 지내는지 봐주어 신난다고. 아버지가 좋아하시니 아들의 어깨가 가볍다.

[스스로 즐거운 삶 Tip]

자식에게 물질적 정신적으로 기대지 않는다

다양한 형태의 삶을 인정한다

내가 좋으면 주변 사람도 좋아진다

쪼그라든 통장에
심폐소생술을

PART
4

명퇴금
잘 운용하고 있나요?

　요즘 시중은행에선 명퇴금이 화제다. 5억 이상 받는 사람들은 금융감독원에서 공시를 한다. 천하에 알려진다. 기본퇴직금과 특별퇴직금을 합하면 거액을 받는다. 못 받는 사람이 보면 눈이 휘둥그레진다. 거액을 받은 명퇴자들은 돈을 어떻게 쓰고 있을까? 모두 그런 경우는 아니지만 사회에 나오면 거액 명퇴금 받은 사람들을 위한 사기꾼들이 기다리고 있다. 왜 사기를 당하는 걸까? 소중한 퇴직금을 날리지 않으려면 어떤 점에 주의를 해야 하는가?

　돈은 에너지 덩어리다. 에너지는 어딘가에서 쓰여야 한다. 한꺼번에 받는 명퇴금은 엄청난 에너지를 가지고 있다. 그대로 들고 있으면 불덩어리를 삼킨 것과 같다. 불덩어리를 피하는

방법은? 빚이 있으면 우선 빚을 먼저 갚는다. 빚이 없다면? 그
때부터 고민이 시작된다. 몸과 마음이 가만히 있지를 못한다.
'돈이 될 만한 일이 없을까' 살피게 된다. 임신한 여성이 길을
걸으면 배 나온 여성이 유독 눈에 잘 들어오듯 투자할 곳을 보
기 시작한다.

투자를 잘 하는 사람들은 특징이 있다. 다른 사람의 욕망이
어디로 향하는지 잘 안다. 투자를 하려면 남이 무엇을 가지고
싶어 하는지, 어떤 곳에 살고 싶어 하는지, 트렌드가 어떤지 잘
따져봐야 한다. 남들이 선호하는 곳에 아파트를 마련한 사람들
은 그런 흐름을 잘 알고 투자한 결과다. 대출금을 끌어오든 부
모 상속이든 위험을 감수한 결과다. 나의 경우 투자할 때 대다
수의 욕망을 따르지 않고 거꾸로 갔다. 남편 퇴직 후 잘 알아보
지 않은 채 시간이 지나면 불어날 줄 알고 돈을 넣었다. 결과
는? 단체 카톡만 봐도 트라우마가 생길 정도다. 돈이 물려 있
다. 비싼 수업료를 치르고 있다. 물론 계약할 때 장밋빛 전망을
들었다. 사기꾼은 "나 사기꾼이요" 하고 다가오지 않는다. 친절
함과 듣기 좋은 말로 마음을 흔든다.

투자할 때 본인이 어떤 사람인지 '나'를 먼저 알아야 한다.
투자 후 빠른 결과를 원하는지, 10년, 20년을 기다릴 수 있는
사람인지. 길을 가다 보면 전봇대에 전단지가 붙어 있다. 1억 5
천 투자하면 월세가 100만 원씩 나온다는 상투적인 문구다. 가

격은 좀 올랐지만 몇 년째 같은 내용이다. 없어지지 않는 것을 보면 그런 낚시하는 말에 걸려드는 사람이 있다는 뜻이다. 또한 일간신문에 오피스텔, ○○호텔에 투자하면 확정수익 10년 보장. 투자금 1억에 월 매출 2천, 그중 800~900만 원 순수익. 1년 만에 투자금을 다 뽑을 수 있다고 한다.

그렇게 쉽게 번다는 곳은 또 있다. 창업 컨설팅 광고다. 직영 프랜차이즈 매장을 인수시켜준다고 한다. 병원, 대학 구내처럼 들어가면 독점이 보장되는 매장이다. 입찰해야 하는 매장을 개인에게 준다고 한다. "유동 인구가 많은 독점 상가이고, 좋은 조건이다. 기회는 자주 오지 않는다"고 서둔다. 이런 기회가 다시는 오지 않을 것 같아 마음이 흔들리는가?

명퇴금은 젊을 때 아이들과 놀아줄 시간도 없이 일하고 제대로 쉬지 못하고 받은 돈이다. 명퇴금을 넣고 모자란 돈은 대출받아서 투자하는데 몇 달 안에 쫓겨나는 경우가 있다. 컨설팅 업체의 말은 계약 전과 계약 후가 달라진다. 계약 전에는 "조건이 잘 맞추어져 있다" "고정 고객이 확보되어있다" "인수하실 분은 신경 쓰실 것이 없는 점포"라고 쉽게 돈 벌 수 있다는 유혹을 한다. 하지만 계약 후에 문제가 생긴다. 그때 누가 선수인가? 창업 컨설팅을 업으로 하는 사람들은 그 바닥의 전문가다. 그들은 빠져나갈 구멍을 미리 준비해뒀다. "사업은 본인의 판단"이라거나 "운영의 노하우가 부족했네요" "다른 곳은 잘하는

데 당신은 이렇게 밖에, 네?" 라고 도리어 타박한다. '나'는 다른 점포 현황은 모른다. 정보의 비대칭이다. 비교할 수 없다. 만약 잘하는 운영 노하우가 있다 해도 알려 주겠는가. 좋은 조건이라고 계약하면 이것이 사기꾼에 말려든 것이다.

창업 컨설팅 직원은 서른 안팎의 젊은 사람이 많다. 젊은 하이에나와 늙은 수사자, 즉 그런 일에 목숨 건 젊은 사람과 돈이 있는 퇴직자의 게임이다. 그들은 한 번 냄새를 맡으면 포기하지 않는다. 창업 컨설팅 회사에서 교육받고 정해진 영업용 멘트를 반복한다. 어떻게든 계약해서 수수료 챙기는 게 생존이다. 이런 직원들과 말을 주고받을 때나 계약서 작성할 때 정신을 똑바로 차리고, 조금이라도 궁금하면 그 자리에서 한 템포 쉬고 생각해야 한다.

자세히 따져보면 허점이 많다. 계약 전 주고 받는 말은 재테크 좀 해본 사람이면 충분히 이해할 수 있는 말이어야 한다. 하지만 돈을 쉽게 많이 벌고자 하는 마음이면 판단력이 흐려진다. "한 살이라도 젊을 때 명퇴금으로 편안한 노후를 준비해야지"라고 초조해 하면 그들의 말에 넘어간다.

명퇴금을 오피스텔이나 호텔, 상가, 창업 컨설팅이 아닌 다른 곳에 투자한 경우도 있다. 대기업 사장으로 퇴직한 P씨는 서울에서 가까운 곳에 땅이 있었다. 나대지로 놔두니 세금이 많이 나왔다. 10억 이상의 퇴직금과 아는 사람의 공동투자로

억 소리 나는 냉동 물류창고를 지었다. 창고만 지으면 월 수익 천만 원 대가 보장된다는 계산이었다. 하지만 창고 경영은 전에 일하던 분야와 전혀 다른 일이다. 냉동 물류창고 마케팅은 해본 적이 없다. 영업하는 사람을 고용하려니 1년에 인건비로 1억은 나가야 한다. 아까웠다. 결과는? 냉동 창고는 텅 비었다. 이처럼 명퇴금 투자해서 이러지도 저러지도 못하는 일이 많다.

누군가 명퇴금을 투자하면 안정적이고 매출이 보장된다고 하면 열 번을 의심해봐야 한다. 아무도 나를 책임져 주지 않는다. 누구에게도 기대하지 않아야 한다. 스스로 공부해서 위험을 감지해야 한다. 명퇴금 많이 받은 분들은 뜨거운 불을 지니고 있는 거다.

[명퇴금 투자 시 주의점 Tip]

투자할 때 친절함과 듣기 좋은 말을 조심한다

좋은 조건이라고 하면 한 템포 쉬고 생각한다

투자할 분야를 얼마나 잘 아는지 체크한다

1,000원, 2,000원, 1만 원 벌이도
소중하다

퇴직 후 수입이 끊기는 시점이 온다. 실업급여 6개월 받고 나면 집에 들어오는 돈이 없다. 벌어 놓은 돈을 헐어 쓰든지, 벌어야 한다. 50대에 퇴직하면 아직 국민연금 받을 나이가 아니다. 그래도 기본 생활비는 있어야 산다. 의료보험에 국민연금, 부모님 생활비, 전기세, 수도요금 등. 생활비를 어떻게 마련할 것인가.

재취업은 언제 될지 모른다. 그렇다고 마음이 급해 서둘러 투자하면 부작용이 심각하다. 신중하게 투자할 곳도 마땅치 않다. 퇴직 후에는 어떻게 수입을 올려야 할까?

수입을 올리는 방법 중에 한 방에 대박 나는 일은 없다. 대박이라고 믿고 투자했다가 퇴직금 날리는 이야기는 무수히 많다.

오늘, 남편이 퇴직했습니다

사실은 대박은커녕 중박도 쉽지 않다. 실제로 부딪쳐보면 1만원 벌기도 어려운 게 현실이다. 1만 원 벌기의 어려움, 직접 경험한 일을 이야기하고자 한다.

적은 돈을 투자해 회원들과 약초농사를 지었다. 약초농사는 동의보감 공부의 연장이었다. 동의보감 인문학을 4년간 공부했다. 공부하던 중, 구청 소식지를 보니 4개월 약초교실 무료 강좌가 있어 신청했다. 이론으로 알던 약초를 직접 공부하고 싶었다. 무엇보다 현장실습이 두 번 있어 약초를 보고 이름을 기억하고 싶었다. 거기다 다음에 남편이 퇴직해서 혹시 농촌에 간다면? 대안으로 약초를 키워 소득을 올릴 수 있지 않을까 하는 계산이 있었다.

약초교실에서는 강원도에 현장실습을 두 번 나갔다. 현장실습을 하자 수강생끼리 친해졌다. 친해진 사람들과 동의보감 공부 동아리를 만들어 운영자가 됐다. 다음 학기 졸업한 사람들도 동아리를 만들어 함께하자고 연락이 왔다. 약초를 같이 재배해보자고. 이미 농사를 지어본 경험자가 있으니 잘할 수 있다고.

뜻을 맞춘 10명이 모여 300만 원씩 투자해서 감초 농사를 짓게 됐다. 처음 계획은 서울에서 가까운 곳에 땅을 임대해서 약초 재배하는 것이었다. 하지만 규모의 경제가 되어야 한다고, 좀 더 투자해서 생산량도 늘리고 생산비는 줄이자고 리더가 설득했다. 용감하게 고창에 땅 5,000평을 임대해서 1년간 농사를 짓기로 했다. 서울에서 몇 번만 가면 수확이 가능하다고 했다. 그 말에 '이상하다 농사에는 손이 많이 가는데…' 긴가민가하면서 합류했다. 사실 농부가 고작 몇 번 가서 농사가 가능한 일이 어디 있는가? 계산착오. 농사를 너무 모르고 욕심이 앞섰다. 낙장불입. 결론은 투자비 회수 불가능!

돈이 안 되는 줄 알면서도 우리가 심은 살아있는 감초를 내버려둘 수 없었다. 함부로 밭을 묵힐 수 없었다. 5,000평의 일부를 수확했다. 감초 모종을 살 때 판매상이 수매까지 한다고 말로 약속했다. 막상 수확 후 연락하자 본인이 제시한 재배 조건을 안 지켰다고 거절당했다. 약령시장은 너무 가격을 낮게 후려치고 팔 곳이 없었다.

회원끼리 감초 수확물을 배분했다. 이제 각자가 알아서 팔아야 한다. 아는 사람에게 파는 것도 한계가 있다. SNS에 감초를 수확했다고 올렸다. 조금씩 주문이 왔다. 소량이라 택배비에 인건비도 되지 않았다. 하지만 감초를 혼자 다 먹을 수 없으니 팔아야 했다. 1,000원, 2,000원 수입도 마다하지 않았다. 그런 과정에 블로그에 올린 글을 보고 방송국에서 연락이 왔다. 종편 건강프로그램에 3분 정도 나왔다. 방송의 힘은 대단했다. 일주일 동안 전화가 쏟아졌다. 감초를 거의 다 팔았다. 하느님 감사합니다!

오늘, 남편이 퇴직했습니다

감초 판매 외에 고향의 반건조 생선도 팔았다. 처음엔 지인들이 팔아주었지만 2차 주문은 별로 없었다. 블로그 생선 사진을 보고 주문하는 사람은 가끔 있었다.

들어오는 수입은 얼마 되지 않았지만 '한 달에 한두 번이라도 파는 게 어디야' 하고 희망을 가졌다. 하지만 겨울엔 창문을 열지 못해 집에 생선 냄새가 난다고 주문이 없었다. 한여름에는 더워서 주부들이 불 옆에 서서 굽는 일을 좋아하지 않으니 생선을 사지 않았다.

수입을 얻는 다른 방법은? 작은 지출이라도 무시하지 않고 줄인다. 전기요금, 수도요금은 한 달에 100원 할인이라도 자동이체를 신청했다. 국민연금 전자고지서는 830원×2명이면 한 달에 1,660원 절약이다. 그리고 블로그 광고 수입으로 두 달에 7,000원 정도다. (그 돈이면 지리산에 살면서 시를 쓰는 시인의 인세 한 달 700원보다 훨씬 많다.^^)

퇴직 후 수입이 없는 상황에서 헐어 쓰는 돈이 바닥나면 마음까지 쪼그라든다. 감초와 반건조 생선을 팔 때 비록 1,000원, 2,000원, 1만 원 수입이었지만 소중했다. 투자금 300만 원과 고창까지 차비 100만 원을 날리고 무모하게 도전한 후 경험을 얻었다. 돈을 버는 일이 만만찮음을 실감했다. 감초 재배는 생산에서 판매까지 해보고 농촌에서 살겠다는 마음을 깨끗이 접었다. 생산에서 유통까지 전 과정을 해보면 알게 된다. 작은 수입이라도 돈이 될지, 나에게 맞는 일인지. 왜 지출을 줄이고 살아야 하는지 실감한다.

> **[수입을 올리는 경험 Tip]**
>
> 100원, 1,000원이라도 수입이 들어오는 것이 중요하다
>
> 지출을 줄이는 것이 버는 것이다
>
> 돈을 어렵게 버는 경험은 생생한 스토리텔링이 된다

일당 4만 원,
무단 횡단 벌금 2만 원

남편이 교통범칙금 2만 원 스티커를 받았다. 일요일 담배가 떨어져 집 근처 편의점에 갈 때 무단 횡단을 했다. 휴일이라 차가 별로 없어 방심했다고 한다. 지나가던 순찰차가 보고 스티커 발부. 딱 걸렸다. 남편은 벌금스티커를 받고 자세히 읽어보지 않고 호주머니에 두었다. 14일이 지나 호주머니에서 꺼내니 그날까지 내어야 했다. '앗, 오늘 안 내면 과태료가 붙네' 생각하고 얼른 내었다고 한다. 벌금 내고 며칠이 지난 다음에 말해주었다. 바로 말하면 마누라가 화낼 줄 뻔히 알기 때문이다. 나중에 들어도 속은 상했지만 화를 내지는 못했다.

남편이 하는 작은 실수에 예민해진다. 실수로 돈이 쓸데없이 나간다면 더욱 그렇다. 이번에 벌금 2만 원에 화가 나기 직

전까지 간 이유가 있다. 남편은 월요일부터 금요일까지 오후 4시부터 5시간 정도 일한다. 최저시급을 받으니 4만 원, 하루 4만 원이지만 왕복 차비에 점심 밥값과 퇴근하면 마시는 캔맥주값을 빼면…. 그런 상태에서 2만 원이 큰돈 아닌가. 주 5일 벌어 도시 한 달 생계비가 안 된다. 하지만 오전에 공부하는 시간이 확보되고 다른 일을 찾기 힘들어 2년째 일하고 있다.

한 달 생계비에서 모자란 돈은 어떻게? 예전 직장에서 개인 연금 들었던 게 있었다. 다행히 올해부터 다달이 조금 받게 됐다. 그 돈 보태고 취직한 아들의 방값을 받아 한 달을 산다. 하루 벌어오는 돈으로 따지면 계속 이렇게 살 수 있을까 고민된다. 가끔씩 하는 강의료를 모아서 대학원 매 학기 등록금을 내겠다고 자신 있게 말했다. 남편은 대학 공부와 일을 병행하는데 학점이 4.0 이상 나와 다행히 국가 장학금을 받았다. 장학금을 받았다는 소식을 전하고 벌금 얘기를 꺼내어 화를 못 내었다.

2만 원 범칙금을 내었다는 말에 민감해진다. 작년에 작은 빌라로 이사 오면서 미니멀리즘으로 살겠다고 결심했다. 관리비까지 줄여서 살고 있는데 남편의 깨알 실수에 화가 나는 것이다. 남편이 퇴직 후 막연한 희망을 갖고 백수로 지내다 일을 하게 됐다. 조금 안정이 되고 익숙해지니 예전에 풍족했던 일상이 비교된다. 다시는 돌아갈 수 없는 줄 알면서도 퇴직 전처럼 수입이 더 많았으면 하는 쓸데없는 기대가 있다. 이 정도 벌어서 살 수 있을지 불안해하고 있다.

그 즈음 『아파서 살았다』(오창희, 북드라망)를 읽었다. 이 책을 읽으면서 미래에 대한 막연한 기대를 다시 생각해보게 됐다. 저자는 21살에 류머티즘이 와서 지금까지 40년간 고통과 더불어 살아가고 있다. 아픈 환자 곁에는 긴 세월 동안 지극정성의 어머니가 계셨다. 어머니는 97세로 돌아가셨는데 정신이 또록또록할 때 딸이 어머니께 물었다.

"엄마는 지금까지 살면서 뭐가 제일 힘들었어요?" 어머니는 뜻밖의 대답을 하셨다. "기대가 젤 나빠, 다 아는데 안 그랠라 캐도(안 그러려 해도) 잘 안 된다. 니는 공부하고 내그치 살지마라. 아무 기대도 하지 마고(말고) 살아라"라고.

저자의 어머니는 딸의 병을 낫게 하기 위해 처방약, 한약, 민간약, 온갖 좋다는 약에 기대를 걸었다. 병원 치료도 했지만 딸은 40년간 병을 앓고 손가락 변형, 무릎관절 수술을 받았다. 나도 남편 퇴직 후 잘 될 거라는 막연한 희망을 가졌다. 아는 사람들에게 기대하고 '이번 일만 잘되면…' 하는 마음이 있었다. 그러다 마음대로 안 되면 작은 일도 원망하고 절망했다. 『아파서 살았다』 저자 어머니는 말했다. 기대하지 마라. 누구도 원망하지 않고 기대하지 않는 것이 참 공부라는 것을 강조했다.

누구나 실수를 한다. 나도 마찬가지다. 그러면서 남편이 실수하지 않기를 기대하는 것은 어리석은 짓이다. 벌금 2만 원에 속이 상해서 건강이 나빠진다면 더 어리석은 짓이다. 일요일, 둘이서 저녁 산책을 나갔다. 급한 일이 없는데 빨간 신호등에 횡단보도를 같이 건넜다. 차가 없다는 이유로. '교통경찰 오지 않을까, 이러다 걸리면 남편 하루 일당인데' 살짝 불안해하면서. 횡단보도 건너고 돌아보니 골목에서 순찰차가 나왔다. (우리 집에서 100m 거리에 파출소가 있다^^) 가슴을 쓸어내렸다. 나쁜 짓 하다가 들킨 아이들처럼. 남편과 눈이 마주치자 한바탕 실컷 웃은 후 산책을 했다. 한 치 앞의 미래도 모르면서 벌금 2만 원에 쫄았다.

[기대하지 않기 Tip]

실수가 없기를 기대하는 것은 어리석은 일이다

실수에 속이 상해 건강이 나빠진다면 더 어리석은 일이다

미래는 한 치 앞을 알 수 없다. 너무 쫄지 마라

한 달 50만 원,
편한 일자리를 찾고 있나요?

보람 일자리에 일주일 동안 신청, 취소, 신청을 클릭했다. 50플러스센터 사이트에서 두 가지 일자리를 신청했다. '복지서포터즈'와 '장애인시설지원'이다. 보람 일자리는 주 20일 정도 일하고 한 달 50여 만 원을 받는다. 하지만 신청한 다음 날 사이트를 보니 '아이돌봄히어로'라는 사회적 기업에서도 사람을 모집한다. (보람 일자리가 아님) 그런데 '복지서포터즈' 면접날과 '아이돌봄히어로'의 교육일이 겹친다. '복지서포터즈'를 취소했다. 고3 수험생이 합격 확률이 높은 곳에 막판에 갈아타듯이 유리한 곳에 지원했다. 올해 왜 이렇게 눈치작전까지 펴면서 일자리를 찾아야 할까? 요즘 50대 이상의 일자리를 찾는 현실은 어떠한가?

보람 일자리는 작년에는 한 사람이 두 가지 이상을 할 수 있었다. 올해는 한 사람이 한 가지만 가능하다. 신청했던 장애인 주간보호센터 면접에 오라고 연락이 왔다. 담당자가 일에 대해 전화로 먼저 안내했다. 뇌병변 장애, 중증장애를 지닌 성인을 대상으로 대소변을 처리하고 밥 먹여주는 일, 학습지도와 생활지도를 한다고 한다. 처음 들었을 때 망설였다. '과연 남의 대소변을 내가 잘 도와줄 수 있을까? 안 해본 일인데…' 하지만 어떤 일을 하든 어려움이 있을 거라 예상했다. '해보자'는 결심이 섰다.

8명이 지원했는데 이 내용을 안내 받은 후 4명만 면접에 왔다. 함께 면접한 사람은 50대 여성과 60대 남성, 2명이다. 그런데 두 분은 장애인복지관에서 일한 경력이 이미 있었다. 50대 여성은 28살 아들이 장애가 있어 돌보는 일을 잘 알고 있다고 한다. 60대 남성은 돌보는 일을 많이 해서 뭐든지 잘 할 수 있다고 자신 있게 말했다. '합격이 어렵겠구나' 하는 느낌이 왔다. '그래도 면접인데 뭐라도 할 수 있다고 해야지' 마음을 다잡았다.

"여기서 일하면 뭘 잘 할 수 있어요?"

"만다라 그림 그리기, 헝겊인형 만들기 할 수 있어요. 한식조리사 자격증이 있어 요리도 할 수 있어요."

1명 뽑는데 예상했던 대로 떨어졌다. 허탈하지 않았다. '걸어서 5분 거리라 합격하면 참 좋겠다. 다른 곳보다 시급이 높아

대소변을 받아낸다고 해도 일할 수 있어'라고 결심했는데...

주간보호센터에서 낙방하고 다시 50플러스센터 사이트에 들어갔다. 다른 일자리가 나왔다. '어르신 일자리 지원단'과 '건강코디네이터'다. 교육을 90% 이상 받아야 일할 수 있다. 교육 일정에 강의하는 날이 겹쳐 교육 충족 시간이 아슬아슬하다. '면접 합격하면 그때 시간조정 해보자' 하고 신청했다. '어르신 일자리 지원단'에서는 1순위와 2순위로 지원하는 곳을 선택한다. 1순위 '한국 ○○돌봄협회'는 블로그 관리하는 일이다.

"난 5년 동안 블로그를 운영하고 있잖아, 자신 있어!"

2순위는 60대 어르신들이 웰빙푸드 만드는 곳이다. 여기는 우대 조건이 있다. 조리사 자격증이다.

"맞아, 나 조리사 자격증 있지." 조리사 자격증을 찾아 스캔을 했다. 작은애가 1997년에 유아원에 가자 바로 요리학원에 등록해서 딴 자격증이다. 22년간 한 번도 안 써 먼지만 뒤집어 쓴 존재감 없는 장롱 자격증이다. 혹시 이 자격증 덕분에 일을 할 수 있게 된다면 황금돼지해의 행운이다. 어디든지 한 군데 걸려라. 제발.

'아이돌봄 히어로'는 0~10세까지 아이들을 시간제로 집에 가서 돌보는 일이다. 저번 주에 면접을 보았다. 면접 30분 전에 도착했다. 함께하는 사람들과 대화를 나누기 위해서다. 아들 둘을 키웠지만 남의 애 돌보는 일은 처음이라 다른 사람 이야기를 듣고 싶었다. 경험이 있는 사람이 있을 거라 짐작했다. 예상대로였다.

3명이 같은 조가 되었다. 면접 들어가기 전에 정보를 나누었다. 한 사람은 집에서 초등수학을 20년 이상 가르치고 있고 문화센터에서 수학, 주산 강의를 한다고 한다. 또 한 사람은 아침에 아이를 돌본다. 새벽 4시 반에 일어나 아이 집에서 7시부터 일한다고 한다. 두 사람 경험을 들으며 속으로 크게 놀랐다. '사람들이 참 열심히 살고 있구나. 나는 이런저런 핑계로 이것도 안 돼. 저것도 어려워. 하고 있었구나' 뜨끔했다.

장애인 주간보호센터 면접에서 센터장이 말했다. 작년에 지원한 사람에게 대소변 받는 일을 설명하니 면접에 아무도 오지 않았다고 한다. 올해는 8명이 지원했고 4명이 왔다. 그만큼 50대 세대가 돈이 필요하다는 반증이다. 사실 강의만 해서는 돈이 안 된다. 언제 강의가 들어올지 감을 잡을 수도 없다. 불안정한 일보다 다달이 입금되는 돈을 벌고자 지원했다.

작년에는 강의에 희망을 걸었다. '강의하다 보면 이름이 알려져 강의가 더 많이 들어올 거야' 하는 기대를 했다. 기대는 현실과 달랐다. 올해 1월, 2월에 수입이 하나도 없다. 결국 대학원 등록금을 보험약관대출을 받아서 냈다. 남편에게 내 힘으로 다니겠다고 큰소리 쳤으니 손을 벌릴 수도 없었다. 남편은 가족 생계비와 어머님에게 매달 생활비를 보내기도 벅차다.

일자리 찾기를 계속하고 있는데 낯선 전화가 왔다.

"분노조절과 동의보감 강의하시는 분 맞으시죠? 여기는 온라인 사업지원센터입니다. 저희가 파워링크 상단에 노출시켜드릴게요. 원래는 클릭 한 건당 30원을 내셔야 하는데요. 저희들은 서버관리 비용만 받습니다. 월 5만 원에 해드려요."

상단에 노출시키는 증거를 보여준다고 사이트를 안내했다. 눈으로 확인하니 블로그 대문을 홈페이지처럼 잘 꾸몄다. 그런데 같은 내용의 전화를 저번에도 받았다. 물론 상단에 노출되면 좋다. 매출이 올라갈 것이다. 하지만 나 스스로를 점검해보았다. 콘텐츠가 풍부하지 않는 상태에서 노출을 많이 하면 몸통은 수박, 머리는 참외 모양이 될 것이다. 감당이 안 될 것 같아 거절했다. 20분 동안 상담해준 젊은 총각(목소리로 추측^^)에게 "잘 들었어요. 미안하지만 저는 안 합니다" 말하고 끝냈다.

나의 일자리 찾기는 집에서 클릭 한 방으로 해결되지 않았다. 남편 퇴직 후 3년 동안 강사하면서 '선생님'이라고 불리는 말에 자만했다. 한쪽만 보고 세상의 다른 면을 보지 못했다. 아이돌봄 면접을 같이 한 사람 이야기를 다시 생각했다. 내 모습과 겹쳐 입체적으로 그려 보았다. '아침 4시 반에 일어나 아이를 돌보러 가는구나. 용돈벌이라고 말하지만 현금이 필요하구나. 50대라 쉽게 피로해진다고 힘든 일을 알아보지 않고 머리만 굴리고 있었구나.'

나 스스로 힘든 일을 안 하려고 합리화하고 있었다. 그렇다. 내가 옛날에 어떤 사람이고 뭘 했는지는 지금 중요하지 않다. 과거가 필요한 것은 먼지 앉은 자격증 정도가 아닐까. 언제 쓸지 모르는 자격증 덕분에 다달이 50만 원 일자리를 얻는다면 기해년 돼지가 나에게 행운을 가져다주는 것이다.

[수입을 얻으려면 알아둘 것 Tip]

몸이 편하면 수입이 적다

많은 중년층이 현금이 필요해서 궂은일을 한다

일자리 찾기는 클릭 한 방으로 되지 않는다

오늘, 남편이 퇴직했습니다

"이 일도 괜찮네"면
적당한 일 아닐까

뷔페음식점에 가보면 음식 가짓수가 많다. 어떤 것을 고를까 고민하다 이것저것 접시에 담아 가져온다. 하지만 뚜렷한 맛이 안 난다. 집에 오면 뭘 먹었는지 기억이 안 나고 허전하다. 오늘 다녀온 '신중년 3모작 박람회'가 그랬다. 50~60대 신중년, 취업하고 싶은 사람들이 박람회 소식을 듣고 모여 들었다. 신중년 3모작 박람회는 서울 학여울역 SETEC에서 열렸다. 고용노동부에서 주최하고 노사발전재단이 주관하는 행사였다. 행사 내용은 생애경력 설계, 재취업, 전직지원, 창업, 귀농귀촌 정보 제공이었다. 참가 기업은 현장채용을 하거나 취업 컨설팅을 진행했다.

박람회는 크게 두 가지로 나누어볼 수 있다. 현장 채용과 재취업 목표로 준비하는 사람을 지원하는 생애경력 설계와 전직 지원 상담이다. 바로 취업이 가능한 곳은 택시운전이나 아파트 경비, 청소 등 일용직이다. 전직지원은 목표를 갖고 준비를 철저히 해서 두드려야 열리는 곳이다. 그나마 정규직·계약직이 아니라 임시직이고 수입은 일정하지 않다. 수입이 일정하지 않으니 연금이나 월세 등 다른 고정수입이 있는 사람에게 해당한다. 이미 퇴직 준비를 잘했거나 퇴직 연금을 받아 안정된 사람에게 어울리는 일이다.

부스 두 군데에서 상담을 받아 보았다. KINTEX와 '○달이' 물류회사다. 킨텍스는 경기도 사람 우선이다. 경기도 내 중소 수출 기업을 지원하기 위해 외국어 능력과 무역실무를 잘하는 퇴직 전문 인력을 뽑았다. 프리랜서 계약직인데 일이 성사되면 수당이 지급된다. 해외근무 경험이 있는 남편에게 맞을까 해서 상담했지만 패스~. 왜? 일정하고 꾸준한 벌이가 안 되면 가정 경제가 돌아가지 않으니 양복입고 모양난다고 할 수 있는 일이 아니다. '○달이'는 아침 8시부터 오후 1시까지 일하고 월 급여 200만 원이 가능하다고 한다. 1톤 차를 가져오면 영업번호판을 회사에서 빌려주고 주로 평택이나 화성에서 기업물품을 배달하는 일이다. 이건 택배 물류 일하는 남편이 할 만한데 평택이나 화성에 살아야 유리하다. 서울에서 이사를 가지 않는 한 출퇴근 시간이 만만찮다. 기업이 몰려있는 곳 근처에 사는 사람에게 괜찮은 일인 것 같다. 이처럼 실제로 부스에서 상담해보면 취업에 연결되기 쉽지 않다.

12시부터 1시까지는 점심시간이라 참가업체가 쉬는 시간이다. 그 시간에 '50플러스센터 남부캠퍼스'에서 컨설턴트로 활동하는 분의 1시간 강연이 있었다. 들어보았다. 강사가 말하는 재취업 3가지 팁은 자신감 회복, 경험 활용하기, 백전불굴의 정신. 이렇게 준비되어야 두터운 취업문이 열린다고 한다. 또한 "최고의 노후대책은 평생 현역으로 일하는 것이다"라는 내용이었다. 강의 내용 중 강사 본인의 재취업을 위한 끈질긴 노력에 대한 스토리텔링이 돋보였다. 15전 1승으로 재취업의 문을 뚫었다고 한다. 20대 대졸 취업자만큼 벽에 많이 부딪쳤다. 떨어뜨리기 위한 압박면접에도 굴하지 않고 어떤 어려운 질문에도 답했다고 한다. 도전정신이 대단했다. '이 정도 열심히 해야 임시직이라도 잡을 수 있구나' 하는 사례를 알게 됐다.

박람회에 간 이유는 혹시 남편에게 어울리는 직업이 있나 알아보고 동시에 퇴직자들의 취업에 대한 반응을 살펴보기 위해서였다. 고향 친구가 사장인 큰 규모의 인력파견회사 부스까지 있었지만 남편 전직에 대해서 큰 기대는 없었다. 재취업에 대해서는 어디든 기대하고 가면 실망할 일이 많았다. 다만 재취업에서 우선해야 할 점은 자신이 원하는 것이 무엇인지 잘 알아야 한다는 것이다. 택시운전을 하든 아파트 경비를 하든 내가 좋아하고 "이 정도 일도 괜찮다"고 하면 그 사람에겐 좋은 일이다. 전직지원 프로그램은 귀를 때리는 겨울한파에 외출할 때 목도리를 두르면 훨씬 견디기 쉬운 것처럼 미리 준비를 잘 해야 한다는 점을 알려준다. 고용노동부에서 차린 뷔페식이 입에 안 맞으면 내 입맛에 맞는 음식을 만들어 먹으면 된다.

[일자리 찾기 Tip]

일용직은 바로 취업이 가능하다

연금 받고 있으면 임시직도 괜찮다

'이 정도 일도 괜찮다'면 나에게 좋은 일이다

오늘, 남편이 퇴직했습니다

당신의 월세 받는 꿈은
안녕하신가요?

자본금만 있다면 따박따박 월세를 준다는 오피스텔 광고. 광고 문구를 다 믿은 건 아니지만 나 역시 2년 전, 오피스텔을 계약했다. 남편 퇴직 후 매달 돈 나오는 우물이 말라버려 다른 우물을 파야만 했다. 곳간의 여분인 퇴직금마저 두 아들 교육비로 다 써버린 상태였다. 남편은 새로운 우물을 팔 삽(취업에 필요한 기술)이 없었다. 가능성이 있는 곳을 찾아야 했다. 물이 나올 곳을 찾으려니 집을 줄이는 수밖에 없었다. 6개월을 고민하다 결정을 내렸다. '집 평수를 대폭 줄이고 매달 월세 받을 수 있는 오피스텔을 마련하자'고

마침 친구가 소형 아파텔(오피스텔+아파트) 모델하우스에 다녀왔다고 소개했다. 집에서 한 시간 반 거리였지만 갔다. 실 평

수 10평에 3베이 구조로 창문이 넓어 시원하고 집이 밝았다. 신혼부부나 1인 가구에 딱 알맞겠다 싶었다. 전철에서 4분 거리에 대단지가 아니라는 게 걸리긴 했다. 하지만 주변이 3년 안에 공원으로 개발되고 코스트코, 롯데마트 등 생활편의시설이 가까이 있다. '월세가 잘 나갈 거야' 하는 긍정적인 마음을 먹었다. 계약을 했다.

새 아파텔은 부동산에 내놓자 금방 나갔다. 계약할 때 한 가지 고민스런 부분은 있었다. 세입자가 60대 후반 여성인데 사업하는 사람이다. 사업장이 아파텔 근처라 잠깐씩 쉬고 싶을 때 필요해서 월세를 한다고 하는데 고개를 갸웃거리는 내용이긴 했다. 그래도 혼자 쓰면 집을 깨끗하게 흠집 안 내고 쓸 것 같았다.

하지만 그건 내 머릿속 책상머리 계산법이었다. 세입자는 두 달은 날짜에 맞춰 월세를 내고 세 번째 달부터는 계속 미뤘다. 이유는 많았다. 지방에 내려와 근처에 은행이 없어 입금을 못 한다고 하는 등 사업체를 경영하고 있다는 말이 믿기지 않게 늦게 내고 미루었다.

그렇게 2년 계약인데 1년도 살지 않고 나가겠다고 했다. 다른 세입자를 구해야 나가는데 그것도 마음대로 되지 않았다. 돈이 급하게 필요하다고 했다. 계약금에서 500만 원을 돌려달라고 해서 주었다. 대신 그만큼 월세로 바꾸었다. 하지만 월세

오늘, 남편이 퇴직했습니다

는 여전히 제때 내지 않고 미루었다. 할 수 없이 나갈 때 계약금에서 공제하기로 했다. 돈을 받으러 다닐 수도 없는 노릇이었다.

겨우 새로운 세입자를 찾았다. 그런데 이삿날이 여행을 가는 날과 겹쳤다. 중개사에게 세입자가 나갈 때 집 점검을 해달라고 했다. 중개사가 점검해도 되지만 임대인이 꼼꼼하게 체크해야 말에 힘이 있다고 한다. 월세 못 받은 것 제하고 돌려줄 돈을 미리 체크했다. 마침 이삿날이 토요일이라 남편이 대신 갈 수 있었다. 여행 떠나기 전날 밤 남편이 확인할 목록을 써놓고 갔다. 남편이 점검하러 갔는데 미리 예상하지 못한 내용이 있었다. 중개사에게 지출할 돈을 미리 계산해달라고 했는데 안 했다. 다시는 그 중개사에게 안 맡길 거다.

세입자가 세 달 동안 관리비, 가스비를 내지 않아 연체되어 있었다. 나가는 사람이 이사 전날 짐은 가져갔다. 하지만 집이 너무 지저분해서 들어오는 사람이 계약금을 다 못주겠다고 한다. 모자라는 돈은 급하게 약관대출을 받는 상태였다. 새 세입자에게 뭐라고 하기도 어려웠다. 비데를 단다고 떼어놓은 양변기 수도관을 이사짐에 실어서 변기를 쓸 수 없게 됐다. 빌트인 냉장고 안에는 썩은 음식물이 가득하고 방바닥은 배달음식 먹고 정리하지 않은 음식들이 뒹굴었다고 한다. 할 수 없이 관리소장이 와서 냉장고에 있는 음식물을 수거했다. 이런 상황에서 들어오는 세입자가 돈을 지불하고 싶겠는가. 그 마음이 이해가 되어 수도관 달고 청소가 다 되면 돈을 받기로 했다. 월세, 앉아서 쉽게 받지 못한다. 상식을 뛰어넘는 예측 불허의 일이 일어난다.

남편 퇴직 후 수입이 말라 차선책으로 아파텔을 샀다. 취업은 안 되고 자영업을 하기도 위험해서였다. 아파텔 상담했던 분양 상담사는 계약하기 전 열심히 설명했다. 아파텔의 장점과 미래 가치와 좋은 점을. 그런데 입주할 시점에 통화하니 "사모님 이제 월세 시장에 진입했습니다. 쉽지 않을 겁니다. 골치가 아플 수도 있습니다"라고 말했다. 그러면서 또 다른 오피스텔 계약을 권한다. 다시는 안 한다고 했다. 월세, 앉아서 따박따박 나오는 쉬운 돈벌이가 아니다.

지난주 50플러스센터 '생애설계' 강의에서 강사가 조언했다. 퇴직 후 재무 부분에서 부동산에 치우치지 않도록 조심하라고. 월세 받으려면 신경이 바짝 곤두선다. 대출받아서 한다면 제 날짜에 월세가 안 들어올 경우 높은 이자를 무는 것을 감수해야 한다. 제때 월세가 안 들어오면 이자내는 스트레스가 이만저만 아니다. 친구가 상가를 가지고 있었다. 침체된 상가를 경매 받아 샀다. 하지만 월세가 9개월간 안 나가 고스란히 관리비와 대출이자를 물었다. 겨우 월세가 나가자 6개월 후에 팔았다. 빠른 선택이었다.

오늘, 남편이 퇴직했습니다

거리에 자주 보이는 광고는 "앉아서 월세 받아가세요"라고 유혹한다. 쉽게 돈 벌 것 같은 유혹이다. 쉽게 돈 벌 것 같은 일은 아무에게나 가르쳐줄 수 없는 비밀 아닌가. 자신들이 직접 투자하지 왜 광고를 할까. 광고에 나온 대로 쉽게 돈 버는 일은 아주 드물다. 밝음 뒷면에 어둠이 있듯이 해결해야 할 수많은 일들이 기다리고 있다. 전 국민을 오랜만에 텔레비전 앞에 머물게 했던 드라마 '스카이 캐슬' 코디 버전으로 퇴직자들에게 이야기하고 싶다. "월세 월드에 진정 들어가고 싶으신가요. 그렇다면 어려움은 각오하셔야 합니다. 제 말을 전적으로 믿으셔야 할 겁니다."

[부동산에 투자했을 때 Tip]

부동산을 산다면 어려움을 감수하라

예측불허의 일에도 흔들리지 않는 마음을 준비하라

쉽게 돈 버는 일은 없다

극한 환경에서 살아남는
생활방식을 닮아간다

제주도와 북유럽 생활방식에 공통점이 있다. 부모와 자식 각자 살림을 꾸리고 집에 양식이 얼마 있는지 물어보지 않는다. 이렇게 하는 이유는 혹독한 생활환경에서 어떻게든 살아남고자 하는 생존방법이다. 굶고 있다는 것을 알면 외면할 수 없어 그런 내색도 하지 않고 물어보지 않는 게 풍습이다. 우리나라도 점점 그렇게 되어 가고 있는 것 아닐까?

퇴직 후 집안 사정을 형제간에 자세히 말하기 곤란하다. 알면 어쩌겠는가. 그래서 수입을 잘 모르고 지낸다. 그런데 구차하지만 말해야 될 경우가 있다. 부모님과 관련해서 나가는 비용을 협의할 때다. 시어머니 팔순 때 일이다. 축하하러 우리 집, 시누이 집, 동서집 세 가족이 고향에서 모이기로 했다. 각자 음식을 해서 저녁과 다음날 아침을 먹기로 했다.

새우튀김과 부추전은 나, 쇠고기 갈비찜은 시누이, 잡채는 동서가 준비했다. 처음 팔순 축하 의견이 나왔을 때 어머님 형제분과 남편 사촌들을 초대하려고 계획했으나 어머님이 원하지 않으셨다. 잔치보다는 현금을 원하셨다. (손주에게 용돈으로 쓰신다) 그래서 음식을 준비해서 어머님 집에 모이기로 한 것이다. 어머님께 팔순 축하비를 얼마씩 드리면 좋을까? 남편과 시누이, 시동생 세 명이 의논했다. 최종 결정할 때 남편과 나는 의견조율을 했다.

맞벌이 교사로 일하는 시누이에게 카톡을 보냈다. "어머님 팔순 축하비를 드린다고 대출을 낼 수는 없네. 오빠가 알바로 받는 수입이 최근 두 달 동안 20만 원씩 줄어들었어. 9월에 추석, 10월에 공휴일이 많았어. 우리 집은 어떻게든 대출을 받지 않고 생활해나가야 해. 나중에 대출을 갚을 여력이 없어." 어머님 팔순 축하비로 얼마를 낼지 우리 기준으로 재조정했다.

우리 부부는 큰아들과 함께 산다. 우리 집 생활비는 세 군데로 나누어 쓰인다. 세 명이 한 달 필요한 주거비와 식비, 일본에서 공부하는 아들에게 보내는 교육비, 결혼 후부터 지금까지 어머님께 매달 드리는 생활비다. 그 외에 갑자기 예상치 못한 돈이 나갈 때가 있다. 이번 달에 남편이 충치 2개 치료비로 들어가는 돈은 따로 준비해두지 못했다. 충치 두 개 치료에 80만 원이 들었다. 퇴직을 하니 갑작스런 병원비 지출에 대책이 없다.

다행히 큰아들이 정규직으로 취업을 해서 우리 집 지출의 일부를 담당한다. 큰아들이 우리 집 가장이 됐다. 아들은 집에 에어컨을 설치하라고 돈을 내놓았다. 한편으로 마음이 편하지는 않다. 이제 아들도 곧 결혼하고 독립해야 하는데 등에 무거운 짐을 얹는 것 같아 미안하다. 시누이와 시동생은 어머님께 얼마를 드렸는지 모른다. 물어보지 않았다.

우리네 생활방식도 제주도와 북유럽을 닮아가고 있는 것 같다. 그런 생활방식을 처음 들었을 때는 이상했다. '서로의 밥그릇 사정을 몰라도 되는가?'라는 생각이 들었다. 하지만 지금은 나 역시 그런 방식으로 살고 있다.

[혹독한 환경에서 살아남는 방법 Tip]

숟가락이 몇 개인지 물어보지 않는다

대출을 받지 않는다

각자 얼마를 부담할지는 알아서 한다

　　　　　　　　　　　　　　오늘, 남편이 퇴직했습니다

5층 건물주는
행복할까요?

퇴직 전이나 퇴직 후 공통으로 원하는 한 가지. 이 세상에서 주님보다 높다는 '건물주 되기'다. '작은 상가 건물이나 5층짜리 빌딩이 있다면 얼마나 행복할까? 건물주가 되면 일 안 하고도 먹고 살 텐데…' 이런 생각은 누구나 해보지 않았겠는가. 과연 그러한지 건물주 몇 분을 인터뷰해봤다. 모든 건물주를 인터뷰해보지 않았으니 객관적이지 않고 주관적인 내용이다. 어떤 일도 객관적으로 완벽하게 판단할 수 없다면 이런 주관적인 내용이 퇴직 후 어떻게 사는 게 좋을지 참고하는 데 도움이 되지 않을까?

아래 내용은 한 발자국 건너 아는 건물주의 삶이다. 우리와 가까운 친구, 동료, 친척이기도 하다. 많은 사람들이 원하는 건물주, 그들은 어떤 삶을 살고 있을까?

#1. 강남 빌딩 소유, 60세 퇴직 남성 A

A는 강남에 부모님이 물려준 5층짜리 빌딩을 가지고 있다. 아내는 그 건물에서 학원을 경영한다. 그녀는 A가 대기업 임원으로 있을 때 학원경영 일보다 골프에 관심이 많았다. 주인이 학원에 신경을 적게 쓰니 자연스레 수입이 적었다. A가 퇴직하자 매달 들어오는 돈줄이 말랐다. 부부 싸움이 잦아졌다. A가 아내에게 씀씀이를 줄이라고 하니 아내는 이혼하자고 한다. 한발 더 나가 아예 젊은 여자랑 바람을 피우라고 선동한다. 자식들도 아버지를 밀어내기 위해 엄마랑 동조한다. 여태까지의 씀씀이, 소비패턴을 줄이는 것은 고통 그 자체이기 때문이다. 엄마와 동조하는 이유는 단순하다. 빌딩이 아버지 명의로 되어 있으니 마음대로 할 수 없다고. A의 아내는 이혼하면 아파트는 A가 가지고 빌딩은 본인을 달라고 한다. A는 괘씸해서 이혼 못해준다고 버티고 있다. 아파트에 함께 살지만 밥을 같이 먹지 않는다. 대화도 하지 않는다. 꼭 전해야 하는 내용만 카톡으로 주고받는다.

#2. 중소도시에 5층 건물 소유, 58세 사업하는 남자 B

B는 20대에 대기업에 들어갔다. 5년 후 퇴사해서 30대에 창

오늘, 남편이 퇴직했습니다

업했다. 가족이 경영하는 회사 일감 덕분에 일은 꾸준히 있었다. 하지만 최근 몇 년 사이에 회사 매출이 눈에 띄게 떨어졌다. 모기업 생산이 부진하니 B도 일이 줄어들었다. B는 어릴 때 부모가 부자여서 힘든 일을 해본 적이 없다. 그래서 굳이 자신을 낮출 마음이 없다. 다른 곳에 영업해서 매출을 올리고 싶지도 않다. 막내 기질이 있어 일이 안 풀릴 때 어디 가서 하소연이라도 하고 싶다. 어리광이라도 부리고 싶다.

B의 하소연을 들어줄 사람이 있을까? 가족 중에? 가까운 사람이? B와 B의 누나는 20년 전에 부모로부터 증여를 받았다. 누나는 강남에 주공 5층짜리 아파트를 물려받아 지금은 몇십억 아파트가 됐다. B는 20년 전 지방의 알짜배기 상가건물 5층짜리를 물려받았으나 지금은 매수하려고 나서는 이가 없다. 누나랑 비교하면 하늘과 땅 차이 같아 화나고 배가 아프다.

그렇다면 화를 어떻게 풀까? 아내는 이런 사정을 말해도 의논이 안 된다. 부부 싸움이 난다. 대신 가끔 룸살롱에 가서 30만 원어치 술을 먹으며 아가씨와 이야기를 나눈다. 해소되지 않는 감정을 주저리주저리 말한다. 돈을 지불하더라도 자신이 힘들다고 말로 풀어야 살 수 있다고 생각한다.

#3. 강북 대로변 5층 건물 소유, 50대 후반 남성 C

C는 큰아들이다. 아버지가 40년 전에 터 잡은 건물에서 계속

살고 있다. ○○대리점 점주다. 여태 다른 직장을 다녀본 적 없이 한 우물을 팠다. 건물 지하층과 1층을 일하는 대리점으로 쓰고 2, 3, 4층은 세를 주었다. 5층은 가족과 사는 공간이다. 아침 먹고 1층으로 내려가면 일터라 편하다. 하지만 몸에 안 좋은 먼지가 365일 날린다. 대로변이라 소음과 매연으로 타이어 마모 분진을 매일 마신다. 가족 건강을 생각해서 집을 옮기고 싶었다. 하지만 대리점의 물건이 부피가 커서 어디로 옮기기도 마땅하지 않다. 옮기면 그만큼 월세가 많이 나가 남는 것도 없다. 가족이 조용한 아파트에 사는 게 꿈이었으나 한 번도 살아보지 못했다.

최근에 온라인 시장이 발달하니 대리점 오프라인 매출이 떨어진다. 인터넷에 올려보지만 발 빠른 젊은 세대의 마케팅을 따라 갈 수 없다. 사업을 접으면 할 일이 없어 그냥 관성대로 하고 있다. 낡았지만 그나마 내 건물이 있어 근근이 버티고 있다.

건물주가 꿈인 사람이 많다. 자영업 하는 사람, 은퇴하는 사람, 심지어 몇 년 전에는 초등학생 꿈이 건물주라는 말까지 있었다. (요즘은 유튜버로 바뀌었다. 조금 지나면 무엇으로 바뀔지…) 너도 나도 건물 소유를 꿈꾼다. 현실은 다르다. 소유하고 있으면 끊임없는 갈등을 일으킨다. 가족 간의 분배에 대한 갈등이 있고 세월 따라 노후화되어 고치거나 팔아야 한다. 근처에 다른 건물이 올라가면 가치가 떨어진다. 대로변 미세먼지를 40년 동안 마시는 경우도 있다. '그래도 건물주가 좋아, 5층짜리 빌딩이 있으면 좋지' 생각한다면 될 수 있다. 뒷목이 뻣뻣해짐을 참을 수 있다면.

[건물주가 되려면 알아 둘 것 Tip]

건물주가 되면 감당할 일이 많아진다

끊임없는 갈등의 불씨가 된다

세월 따라 가치가 바뀐다

인생 후반기,
8가지 키워드로 점검하다

8조각 나무로 만든 물동이를 상상해보자. 한 조각만 이가 빠져도 물을 담을 수가 없다. 퇴직 후 삶이 8조각 나무로 만든 물동이라면 모두 튼튼한지 점검해야 한다. 8조각 물동이를 떠올리며 인생 후반기를 8가지 키워드로 살펴보자. 지금까지의 경험과 배움을 토대로 생각해본 8가지 키워드는 일, 가족(친구), 재무, 관계, 육체적 건강, 여가, 정신적 자기관리, 집과 환경이다. 인생 후반기에 어느 한 곳 물동이의 이가 빠지지 않고 물이 새지 않으려면 어떻게 해야 할까?

물동이의 약한 부분을 관찰한다. 먼저 일을 보자. 일과 내 눈높이가 맞는지 점검한다. 일은 널려 있지만 나의 눈높이가 안 맞아 일을 찾기 어렵다. 일이 없으면? 퇴직금을 헐어 쓰면 1억

단위가 억~(비명소리)하게 금방 나간다. 한 달 지출이 많아도 매달 통장에 채워질 때는 '또 들어오겠지' 하며 퇴직을 실감하지 못했다. 수입이 없으면(재무 불량 상태) 가뭄에 시드는 나무처럼 된다. 시들기 전에 일을 하는 게 중요하다. 사막 레이스에서 목마르기 전에 물을 규칙적으로 마신 사람이 끝까지 뛸 수 있는 것처럼.

일은 사회와 '나'를 연결하는 끈 이상의 의미가 있다. 일이 없으면 부부갈등이 자주 일어난다. 젊은 부부처럼 밤에 이불 속에서 풀기도 어렵다. 일을 8가지 키워드 중의 첫 번째로 놓은 것은 그만큼 중요하다는 의미다. 연금이나 다른 수입이 있어도 일이 있어야 생활에 활기가 있다.

가족, 친구, 인간관계에서는 서로의 사생활을 존중해준다. 각자 좋아하는 장소를 만든다. 또 좋아하는 것을 배우면서 다양한 친구를 만든다. 예를 들면 50플러스센터에서 공부하면 친구가 생긴다. 공부를 같이 하면 경쟁자이자 친구가 되고 도와주는 관계가 된다. 그리고 상대방 스마트폰을 보지 않는다. 스마트폰에 오는 카톡이 누구에게 오는지 묻지 않는다. 그의 사생활 관리에 시간을 소비하느니 차라리 내 인맥 늘리는 게 낫다. 그에게는 그의 사생활이 있다.

여가는 어떻게 보내면 좋을까? 여가를 노는 것이라 생각하는가? 매일 놀 수 없다면 지금까지 해왔던 행동을 다르게 생각해보자. 흔히 삼식이는 집에서 세끼 먹는 남자라고 한다. 집에서 세끼를 먹되 밥 세끼 잘 하는 남자가 되면 어떨까. 집에 있으면 가족을 위해 음식을 한다. 실력이 부족하면 '아빠의 요리교실'에서 배워 가족에게 이벤트처럼 준비해본다. 가족에게 요리를 잘했다고 칭찬받는다면 스토리를 살려 마케팅으로 연결한다. 예를 들어 '마누라는 음식 실력이 형편없었다. 퇴직 전까지 참고 살았지만 이제 내가 배워서 한다. 나(남편)는 가족들에게 건강한 집밥을 해주는 사명이 생겼다'는 이야기를 만들면 좋지 않을까.

정신적 자기관리를 보자. 퇴직부부는 '따로 또 같이'가 필요하다. 혼자만의 시간은 서로 간섭하지 않고 혼자서 휴식하거나 창조하는 시간이다. 그렇지만 때로는 취미를 같이 하면 대화가 많아진다. 남편은 BTS 방탄팬이다. 방탄의 새로 나오는 뮤직비디오를 유튜브에서 실시간으로 찾아본다. 인도네시아에서 페루까지, 세계 곳곳의 방탄팬이 올리는 리액션을 보는 것을 즐긴다. 50대 동료 남성들 모임에 가서도 방탄 이야기를 주로 한다. 방탄의 감성을 아재들에게 전하는 전도사가 됐다. 혼자 보기 아까운지 같이 보자고 글을 쓰고 있는데 부른다. 가끔 보너스처럼 같이 보고 느낌을 말해주면 남편은 정말 좋아한다.

인생 후반기에 집은 은퇴부부가 감당할 정도에 맞게 산다.

많은 사람들이 선호하는 동네는 장점이 많다는 의미다. 장점을 포기할 필요가 없으면 계속 살기를 권한다. 집을 줄이는 것이 무조건 잘한 결정은 아니다. 수입이 된다면 누가 넓은 집을 포기하겠는가. 작은 빌라로 이사한 후 일본에 있던 아들이 왔는데 다리 뻗고 편하게 잘 방이 없었다. 집을 줄여 빚내지 않아도 살 수 있게 됐다. 대신 방이 좁아 책을 둘 곳이 없는 어려움이 있다. 아는 사람을 집으로 초대해 큰 접시에 음식을 차리고 이야기를 오랫동안 나누고 싶지만 못한다.

요즘 유튜브에서 전원주택 소개하는 영상을 많이 본다. 눈으로 호강하고 있다. 영상에서 보여주는 주택은 넓고 깔끔하다. 잔디가 잘 가꾸어져 그림 같다. 그런데 그 좋은 집을 이사하려고 내놓는다고 한다. 왜일까? 주거지를 시골로 옮긴다는 것은 가치관이 달라져야 하고 고립을 감당할 정신적인 성숙이 있어야 가능하다는 의미 같다.

환경은 주거환경만으로 한정해보면 자신의 라이프스타일에 따라 정한다. 본인이 여러 군데 돌아다니면서 공부하거나 일하는 것을 좋아한다면 교통이 좋아야 할 것이다. 너무 외곽으로 나가면 오며가는 시간이 많이 걸린다. 나는 책을 빌리는 일이 많아 도서관 근처에 산다. 도서관이 가까이 있다는 장점은 있지만 오래된 도심지여서 가끔씩 외식할 때 식당이 후줄근하다. 그래도 서울 중심지라 동서남북으로 가기 좋다. 교통이 편리해

서 좋다

　부부가 인생 후반기를 잘 살기 위해서는 8가지 다 중요하지만 무엇보다 경제적 독립이 중요하다. 각자 '경제독립만세' 하면 건강하고 당당한 관계가 된다. 돈을 벌기 위한 실마리를 찾아보자. 평소에 잘하는 일을 심화시켜 돈벌이로 연결해보자. 잘하는 일에는 아이 돌봄, 교육, 글쓰기, 여행 등 여러 가지가 있다. 자신이 좋아하는 일을 하다 보면 처음엔 재능기부를 하지만 점차 50만~100만 원이라도 벌 수 있다. 단 은퇴 이후 돈을 많이 버는 욕심을 내거나 유명해지려고 하면 건강을 잃거나 사기에 노출되는 후유증이 생긴다. 조심할 것!

　내 능력에 맞는 일을 찾는 방법은? 자신을 돌아보면 가능성이 있다. 평소에 잘하는 일로 돈 벌기에 접목한 사례가 있다. 친구 M은 시부모님과 친정 부모님 4명의 치매 뒷바라지를 10년 동안 했다. 전업주부로 살아왔는데 남편은 사업에 실패하고 나이는 들었는데 뭘 할 수 있을까, 고민했다. 그러다 발견했다. '나는 부모님 네 분을 모셨어. 다른 사람 돌보는 일을 잘하는구나.' 그 장점으로 장애인 복지관을 두드렸다. 치매 노인을 모신 점을 자신 있게 어필했다. 경력을 살려 장애인 돌봄 수입으로 가정경제를 담당하게 됐다.

　카르페 디엠(지금 살고 있는 현재 이 순간에 충실하라는 뜻의 라틴어다)! 현재를 잘 살면 경제 독립하는 길이 생긴다. 여덟 가지 키워드가 다 튼튼한가? 약하다면 가장 가까운 곳, 나를 관찰해본다. 변신 가능한 '나'를 만날 것이다.

[인생 8가지 키워드 점검 Tip]

약한 부분을 보강한다

자신이 좋아하는 일을 벌이로 연결한다

부부 각자 경제적으로 독립한다

돈이 적게 있어도
즐겁게 사는 비결

PART 5

오늘, 남편이 퇴직했습니다

50대 이후 삶의 질을
좌우하는 것은?

아시안 축구 경기 결승전이다. 일본과 한국이 0:0으로 연장
전에 들어간다. 밤 12시쯤 집에 돌아온 남편이 알려준다. 혼자
있을 때는 TV를 잘 켜지 않아서 몰랐다. 축구 경기가 있다고
예외로 텔레비전을 켜지 않는다. 축구 경기 시청보다 중요한
건 오늘 써야 할 글이다. 글을 쓰기 위해선 입력된 게 많이 있
어야 한다. 입력을 위해 오전에 시립도서관에서 하는 '현대철
학의 거장들'이라는 강의를 들었다. 오늘은 8강 중 첫 시간, 행
복의 철학자 에리히 프롬의 '소유냐 존재냐'라는 강의다. 7년
전 책읽기를 함께했던 친구와 같이 들었다. 책을 같이 읽은 친
구는 책으로 이야기할 게 많다. 덕분에 관계가 계속 이어진다.
그렇다면 퇴직부부는 무엇으로 관계가 좋아질까?

우리 부부는 맞선 본 후 세 번 만나고 결혼했다. 3개월 만에 결혼을 후딱 해치웠다. 양가 부모님은 나이가 꽉 찬 아들과 딸을 빨리 맺어주고 싶어서 서둘렀다. 하지만 나는 무슨 기준으로 세 번 만난 남자와 결혼을 결정했을까? 나름의 기준이 있었다. 남편 될 사람은 첫째, 목소리가 자신 있어야 한다. 두 번째, 유머가 있어야 한다. 세 번째, 말이 통해야 한다. 남편은 나의 세 가지 기준에 합격!

남편 목소리는 영업을 해서인지 자신감이 있었다. 유머는 글쎄, 약간 고개가 갸우뚱하다. 자신은 유머라고 날리는데 유머인지 아닌지 구별이 안 되는 개그다. 30대 초반부터 아재개그여서 황당했다. 웃음이 '삐질' 나오긴 하지만 잘못 이해하면 '나를 비꼬는 말인가' 할 정도의 개그라고 할까. 상식을 뒤집고 꼬이게 해서 처음 듣는 사람은 이해가 안 된다. 무슨 말인지 몰라 어떤 표정을 짓기 애매한 개그다. 그래도 웃기려고 애쓰는 노력이 가상하니 유머가 있는 사람으로 쳐준다. 세 번째, 말이 통한다는 뜻은 책을 읽고 대화를 할 수 있는 사람이라는 의미다.

남편은 선 본 첫 날, 다락에서 책을 꺼내 빌려주었다. 10권짜리 만화책 중 5권을 빌려주었다. 사실 난 만화는 안 읽는 사람이었다. 그 당시 난 서울에 있었고 남편은 부산에 있었다. 일주일 후 책을 반납하기 위해 만났는데 또 책을 빌려주었다. 이번에는 원어로 된 펄벅 여사의 책이었다. 영어 원서? 허걱. 난 읽어내지 못했다. 모르는 단어가 70%라 영어사전을 찾아야 해서 읽기 싫었다. 돌려주기 위해 중간 지점인 대구에서 만났다. 책 때문에 만났는데 책 얘기는 안하고 뜨겁게 같이 잤다. (어쨌든 책이 매개가 되어 결혼하게 됐다^^)

둘 다 책을 좋아하는 것은 맞다. 하지만 읽는 방법이나 분야는 달랐다. 남편 퇴직 후 할 일이 없어 헤맬 때 동양고전을 함께 읽기 시작했다.『주역강설』『우주변화의 원리』『주역의 과학과 도』. 어렵다고 후루룩 넘긴 책을 남편은 2년 동안 들고 팠다. 메모하고 한문을 찾아가며 읽으니 좋아하는 분야가 생겼다. "혼자 공부하는 것보다 대학 동양학과에 가서 체계적으로 공부해보는 게 어떻겠어요?"라고 권하니 하겠다고 한다. 지금 동양학과 3년차 공부중이다.

"부부 두 사람이 공부하는 것은 당신네 얘기지. 우리 부부는 안 맞아. 굳이 머리 아픈 공부를 해야 할 필요가 있나?" 반문할 수 있다. 맞다. 모두가 공부하라는 건 아니다. 다른 취미로 두 사람이 공통분모를 만들어가도 좋다. 다만 우리 부부는 퇴직 후 대화하기가 쉽지 않은 상황에서 공부라는 같은 관심사를 찾은 것이다.『돈 없이 111세까지 살아버린다면?』이란 책처럼 긴 인생을 산다면 돈이 계속 풍족하기는 쉽지 않다. 매년 해외여행을 갈 수 있는 부부가 얼마나 되겠는가. 부부가 무조건 친하게 지내라고 억지로 권할 수도 없다.

축구 결승전을 보고 같이 즐거워하면 엔도르핀이 팍팍 분비될 것이다. 오랜만에 축구에 흥분해서 맥주 한 캔 마시고 이불 속에서 좀 더 뜨거워질 수도 있다. 하지만 나는 키보드를 누르느라(책 쓰느라) 축구를 같이 보지 못했다.

'하버드대 행복연구소'에서 700명을 75년 동안 추적 조사한 결과 50대 이후 행복을, 삶의 질을 좌우하는 것은 돈이나 물질보다 '좋은 관계'라고 한다. '좋은 관계'는 대화가 통한다는 느낌도 포함되지 않을까. 퇴직 후 지루하지 않게 사는 방법. 공부는 책 몇 권으로 투자 대비 가성비가 높다. 책은 도처에 있다. 근처 도서관에 많이 있다.

[50대 이후 삶의 질 Tip]

부부 대화의 공통분모를 늘려간다

지루하지 않게 사는 방법을 개발한다

'좋은 관계'가 삶의 질을 좌우한다

삼식이라도 좋아,
일을 한다면

설마 했던 일이 일어날 때가 있다. 예전에 김우중의 '대우'가 없어질 때는 우리 집(정확히 말하면 수입)에 영향을 주지 않으니 그런 일이 일어났나 보다 했다. 하지만 남편이 다니던 회사가 없어지고야 대기업이 무너질 수 있다는 것을 실감했다. 남편은 회사가 없어지기 전에 명퇴를 당했지만 우리사주가 흔적도 없이 사라지자 피부로 느껴졌다.

회사가 공중분해 된 지 2년이 지났다. 젊은 직원들은 같은 업종의 회사로 옮겨갔다. 그런데 40살에서 50대 초반의 차장, 부장급은 2년이 지났지만 직장을 잡지 못했다. 40대 후반과 50대 초반이 명퇴하면 자신이 원하는 마땅한 자리가 없다. 어디로 가서 무엇을 해서 먹고사나?

50대가 되면 새로운 직업을 찾기 힘들고 예전 직업을 그대로 지키기도 어렵다. 이런 현상은 단지 회사원에게만 한정되는 일이 아니다. 작가 D는 소설을 몇 권 썼다. 최근에 출판사에서 미리 인세(돈)를 지불하고 계약을 맺자고 하는데 계약금 조건이 안 맞아 거절했다. 출판사에서는 위험 부담이 있어 낮게 부르고 작가 입장에서는 그 돈이면 못한다고 생각한다. 또 다른 친구 G는 프리랜서 감독이다. G에게 최근에 인맥을 통해 일이 들어왔다. 학생들을 가르치라는 제의가 들어왔는데 거절했다. 월요일부터 금요일까지 5시간씩 매여 있어야 하고 5시간씩 가르치는 심적 부담이 많아서라고 한다.

프리랜서인 친구에게 "일이 없으면 가릴 게 있나, 뭐든지 해야지"라고 쉽게 말하고 싶었다. 그가 일을 하든 안 하든 내 영역은 아닌데. 어떤 일이든 하라고 조언하고 싶은 참견 본능이 마구 일어난다. 당사자는 문제가 잘 안 보이지만 주변 사람에게는 보여서다. 일이 들어올 때 거절하면 다음에 일이 점점 없어진다. 그러니 "뭐라도 하고 있어야 일이 꼬리를 물지 않겠나"라고 개입하고 싶다. 본인 힘으로 의식주를 해결하는 일이 얼마나 중요한가를 알기에.

경제적 독립은 의식주를 해결해주고 사회와 연결하는 끈이 되어준다. 그럼에도 본인의 의사를 무시하고 함부로 '해라 마라' 말할 수 없다. 본인 입장에서는 '내 몸값이 얼마인데 그 돈으로는 갈 수 없다' 생각한다. 시간과 노력에 비해 너무 박하다고 생각한다. 아니면 다른 기회가 오면 이 일 때문에 놓칠 수 있다는 계산이 있을 것이다. 하지만 그 분야에는 새 인물이 나타나고, 기술은 안 쓰면 녹슨다. 부를 때 두 번 거절하면 그 일에서 잊혀진 존재가 된다. 나는 커피 약속 제의가 오면 두 번째는 거절 안 하고 무조건 시간을 맞춘다. 두 번 거절하면 그 연결망이 없어지기 쉽다.

퇴직은 자신이 속했던 사회와의 단절이다. 다시 사회적 끈을 연결하지 않으면 생존이 어렵다. 남편이 퇴직하고 몇 개월이 지나자 하루에 오는 전화가 한 통도 없을 때가 많았다. 움직여야 끈이 이어진다. 그래서 남편이 2년 동안 일을 안 하고 있을 때 일하라고 바가지 많이 긁었다. 은근하게 말하기도 하고 노골적으로 말하기도 했다. 답답한 마음에 고용노동부 사이트, 사람인, 잡코리아를 열심히 뒤졌다. 하지만 대기업에서 명퇴한 50대 중반 관리직 남자가 갈 만한 곳은 없었다. 그렇게 갈등을 겪을 즈음 시누이가 집들이 초대를 했다. 우리는 '무궁화호'를 타고 안동으로 갔다. 시누이는 여동생 입장에서 편하게 말했다. "오빠, 이제 주유소 알바라도 해야지. 요즘 뭐 해?"라고 자연스럽게 물었다. "주유소 알바라도?" 하고 싶은 말인데 차마 못한 말을 해주었다. 남편은 동생 말에 들은 척을 안 했다. 아니, 대답할 말이 궁했을 것이다.

집들이를 하고 올라오니 마침 감초농사 지을 때 같이 일한 회원이 "요즘, 남편 뭐 하세요?"라고 전화가 왔다.

"공부하죠. 정독도서관에도 가고, 집에서도 공부해요."

"제가 일하는데 같이 하면 좋겠는데요. 말해보실래요?"

"직접 본인에게 말해보세요. 아내인 제가 말하기 곤란하네요."

그 분이 남편에게 전화를 해서 같이 일하게 됐다. 그렇게 끈이 연결되어 남편은 집에서 전철로 1시간 30분 거리에 있는 택배 집하장으로 출근한다. 오후 4시부터 저녁 10시까지 택배 일을 한다.

고용노동부가 찾아주지 못한 일을 감초농사로 만난 친구(남편과 나이가 같다)가 해결해주었다. 물론 친구가 오라고 했어도 자신에게 안 맞다고 일을 안 할 수도 있다. 택배 일은 하루에 만 보를 걸어야 하고 무거운 박스를 옮겨야 한다. 몇 시간 동안 허리를 못 펴는 힘든 일이다. 남편은 50대 중반에 예전에 일했던 관리직과 완전히 다른 육체노동 일을 하면서 세 가지를 얻었다. 바로 묵언수행, 다이어트, 밥벌이다.

먼저 묵언수행은 일이 바쁘니 말할 틈이 없다. 예전 직장 습관이었던 남에게 명령하는 말을 할 시간이 없다. 이제는 명령하지 않고 본인이 한다. 다이어트는 일하느라 1만 보 이상 걸으면서 저절로 하고 있다. 백수 때 집 근처 공원을 매일 4km 뛰어

오늘, 남편이 퇴직했습니다

도 안 빠지는 살이 8kg 빠졌다. 여름에는 땀 닦는 수건을 목에 두르지 않으면 일을 못한다. 또한 일한 만큼 주급을 받는다. 그 돈으로 밥벌이를 한다. 생활비 일부를 감당한다.

남편은 아침 식사는 8시 반, 점심은 야채 도시락, 저녁은 자정 12시쯤 집에서 먹는다. 매일 밥벌이를 나가는 남편에게 깍듯이 인사를 하고 식사를 준비한다. 삼식이라도 좋다. 일을 한다면! 3년 전 답답해서 사주를 보러갔던 적이 있다. 남편 사주 풀이를 하니 낮은 곳에 임해서 몇 년 동안 일하면 여러 사람의 존경을 받는다고 나왔다. 일단 가까운 사람인 가족에게 존경을 받고 있다.

[일을 연결하는 Tip]

일이 들어오면 무조건 한다

과거와 완전히 다른 일도 가능하다

일을 하면 얻는 장점이 많다

퇴직 후 자격증을 따서
일하고 있나요?

잘 아는 P선생님과 인터뷰를 했다. P선생님은 군장교로 50대 초반에 제대했다. 군에 있을 때 '헤비타트 사랑의 집짓기'에 관심이 많아 목조건축을 배웠다. 본인이 좋아하는 봉사활동도 하고 경험도 쌓으면 좋겠다는 생각이었다. 그런데 실제 건축 현장에서 일을 해보니 집을 지으려면 체력과 체격이 따라주어야 했다. 새벽마다 테니스를 치는 부지런함과 체력은 있었다. 하지만 서까래와 큰 목재를 운반하기는 어려웠다.

크고 무거운 목재 운반하는 일이 아닌 다른 분야를 찾았다. 제대 후 기술교육원에서 도배 기능사를 배웠다. 자격증을 따고 고시원 주변에서 1년 동안 부인과 함께 도배를 했다. 하지만 도배일이 조직에 소속된 게 아니어서 일거리가 별로 들어오지 않

오늘, 남편이 퇴직했습니다

왔다. 그 뒤 다른 교육원에서 가전제품 청소기사 과정을 1년 배웠다. 전기기사, 승강기 기사, 에너지관리 기능사 자격증도 땄다. 하지만 채용은 되지 않았다. 용역 업체는 젊은 인력을 선호한다. 그리고 관리하는 사람이 40대다. 관리자가 50대 자격증 있는 분들에게 이래라 저래라 지시하는 게 어렵기 때문에 일을 같이 하고 싶어 하지 않는다.

자격증은 많은데 일을 하기는 어렵다. 이것이 퇴직 후 현실이다. 그래도 준비된 사람에게는 기회가 온다고 했던가. P선생님은 군부대를 통솔하는 조직관리 경력과 실무 기사 자격증이 여러 개 있는 드문 인재다. 학원에서는 자격증 딴 사람 이력을 보고 추천한다. P선생님은 세 가지 이상 자격증이 있으니 호텔에서 시설관리소장으로 오라고 했다. 서울 시내 호텔에서 6개월간 소장을 했다. 해보니 건물을 불량으로 지었는지 매일 일거리가 과도하게 쏟아졌다. 일을 계속해야 하나 고민됐다. 그러던 차에 호텔에서 용역 업체를 바꿀 때 관리소장을 따로 데리고 온다고 통보했다. 실무기사들을 바꾸지 않지만 소장은 바꾼다. 꼼짝없이 그만두게 됐다.

P선생님은 퇴직 후 7년 동안 열심히 자격증을 땄다. 여러 자격증에 도전하고 실제 업무를 해보았다. 돈이 벌리는 일이 없거나 몸이 너무 힘들었다. 하여 이제는 가치 있는 일을 찾고 있다. 주변에 소외되고 이웃의 손길이 미치지 못하는 사람을 위

해서 어떤 일을 하면 좋을까 고민하고 있다. 그래서 장례지도사와 행정사 자격증을 땄다.

장례지도사 자격증을 딴 이유는 다문화가정과 외국인 근로자들에게 도움을 주고 싶어서다. 외국인 근로자가 일하는 도중 다치거나 사망하면 제대로 된 절차를 밟아서 장례를 치르지 못한다. 행정사는 외국인 출입국 관련 행정 업무를 도와줄 수 있다. 그리고 소외된 이웃, 노숙자, 운둔형 히키코모리, 고독사하는 독신 40대, 50대 이웃을 도울 수 있다. 요즘은 디지털 장의사를 강의하고 있다. 이 일은 재택근무가 가능하다. P선생님은 출퇴근할 사정이 안 되는 사람들에게 집안일과 생계를 병행할 수 있게 가르친다.

50대 이후 퇴직하면 안정적이고 지속적인 일은 거의 없다. 길어야 6개월, 1년이다. 나도 남편 퇴직 후 민간 자격증을 많이 땄다. 꽃차 지도사. 분노조절 지도사, 언어조절 지도사, 인성 지도사, 심리 상담사, 성격 지도사 자격증을 모아 책꽂이에 잘 모셔두었다. 스캔해서 컴퓨터 경력파일에 저장해두었다. (언제 쓰일지, 컴퓨터 용량만 차지하는 건 아닐까?)

하지만 실제 일하는 데 쓰이는 자격증은 거의 없다. 자격증 딴다고 일이 금방 주어지는 것도 아니고 돈과 연결되기는 더더욱 어렵다. 그 분야에 오랫동안 일해서 실력과 경력이 없으면 돈이 안 된다. 협회에서 자격증 장사하는 데 도와준 1인이 되

오늘, 남편이 퇴직했습니다

는 것이다. 협회 강사와 협회를 만든 사람이 수입을 만들고 먹고사는 구조다. 본인이 이런 일을 하고 싶다는 강한 확신을 갖고 죽자 살자 10년을 매달리면 돈이 될지 모른다. 그러나 이런저런 자격증 시험에 기웃거리며 '자격증이 있으면 언제 소용이 있겠지' 하는 막연한 환상은 금물이다.

P선생님과 인터뷰를 하면서 현실을 다시금 느꼈다. 대화를 나누면서 P선생님과 공통분모가 있음을 발견했다. 50대 이후는 정신적인 영역과 물질적인 영역이 같이 가야 한다는 점이다. 선생님은 정신적인 영역에 60%로 배정한다. 정신이 한 발 앞서 물질적인 영역을 끌고 가야 퇴직 후 건강한 삶이 된다고 강조했다. 나는 정신 영역과 물질 영역이 같이 가야 한다고 생각한다.

퇴직 후 몇 번을 강조해도 지나치지 않는 것은? 물질적인 영역인 돈을 쫓아가면 일이 잘 안 된다는 것을 명심해야 한다. 혹 돈을 많이 벌었다고 해도 주변에 마음을 나눌 사람이 없다면 삶이 공허해진다. 돈만 많이 버는 데 주목했다가는 귀하게 키운 자식들이 본인이 개척하는 인생보다는 부모 재산을 바라는 인생으로 전락할 수 있다.

퇴직 후 자격증에 도전하고 실무에서 뛰려고 하는가? 100미터 달리기에서 젊은 사람과 출발을 같이 한다고 상상해보라. 죽기 아니면 까무러치기로 해도 어렵다. 비교가 안 되는 체력이다. 50대 이후에 체력과 정신력이 감당할 수 있는 일을 찾아야 한다. 인생의 가을에 일을 벌이기보다는 경험한 지혜를 나누는 일이 뭘까 찾아야 하지 않을까. 이것이 공자가 말하는 하늘이 내려준 명(命)을 알게 되는 지천명이 아닐까 싶다.

[자격증을 준비할 때 생각해야 할 점 Tip]

자격증이 일을 보장하지 않는다

돈을 쫓아가면 삶이 공허해진다

물질 영역과 정신 영역의 균형이 중요하다

돈이 적게 있어도
즐겁게 사는 비결

동대문도서관 80명 정원 시청각실, 토요일 오후 1시 매주 열리는 강좌에 빈자리가 없다. 5분 늦게 가면 등받이 없는 간이 의자에서 120분을 버텨야 한다. 수강생 나이와 성별은 다양하다. 10대 고등학생부터 80대까지. 70세 이상 된 부부가 몇 쌍 있다. 친구랑 같이 와서 듣는 사람도 있다.

강좌는 시즌별로 8강씩이다. 주제는 바뀌지만 내용은 거의 철학, 고전 강의다. 도서관은 우리 집에서 걸어서 5분이다. 바람 쐴 겸 토요일마다 즐겁게 철학 수업을 듣는다. 강의 내용을 메모하고 복사물을 읽지만 이해 안 가는 내용이 많다. 그런데 내용보다 80명 수강생 중에서 60대 이상 되신 분들에게 눈길이 간다. 그들은 왜 이런 철학 수업을 들을까?

이번 시즌 철학 강의는 '동서 현대 철학의 거장들'이다. 『소유냐 존재냐』의 에리히 프롬, 『기술복제시대의 예술작품』의 발터 벤야민, 중국 계몽철학자 리쩌허우, 동서철학을 종합하는 한국 철학자 이준모, 『생명관리 정치의 탄생』의 미셸푸코, 자크 랑시에르, 조르조 아감벤 등. 8명의 철학자 중 들어보지 못한 낯선 철학자가 절반이다. 같이 듣는 수강생도 앞의 철학자 이름이 생소하지 않을까 추측한다.

몹시 궁금하다. 도서관 실무자라면 설문지를 돌리고 싶다. (내 첫 수업에선 자기소개하고 수업 끝나면 소감을 나눈다) 80명 수강생이 무슨 이유로 철학 수업을 들으러 왔는지 소개하면 좋겠다. 수업 듣고 가끔 질문하는 사람이 있어 직업이 웹툰 작가, 강사, 책읽기를 좋아하고 인문학 공부를 많이 하는 사람이 있다는 것을 알았다. 몇 명은 들으며 노트북에 바로 입력한다. 80세 된 남성은 어깨가 옆 사람에게 닿을 정도로 두 시간 내내 졸다가 가끔 깨면 강사가 칠판에 쓴 영어를 베껴 쓴다. 영어 글씨가 능숙한 점으로 보아 젊을 때 글을 많이 접했음을 짐작한다.

다른 분들은 철학 수업을 듣고 삶에 어떻게 활용하는지 모르지만 나는 철학 수업을 듣고 내 강의에 적용한다. 배우고 익히고 가르치는 선순환이다. 혼자서 공부할 때는 철학자가 말하는 어려운 개념을 잘 몰랐다. 철학 수업을 듣고 아는 만큼 내 수강생들에게 풀어준다. 분노조절 수업에는 60대 이상 남자가 많았다. 인문학적 성찰이 들어간 내용을 강의했다. 8강 마지막 소감 시간에 그 점이 좋았다는 피드백을 들었다.

지난 시간 수업을 듣고 거리에 나갔을 때다. 앞에 60대 부부가 수업에 나온 에리히 프롬에 대해 얘기를 나누며 걸어간다. 철학 수업을 부부가 같이 듣고 대화를 나누는 풍경, 이 또한 퇴직 후 살아가는 한 모습이다. 퇴직하면 갈 곳이 없고 할 일이 없는 게 아니다. 자신이 뭘 좋아하는지 찾아보자. 벚꽃축제, 단풍놀이, 등산도 좋지만 공부도 충분히 재미있다. 돈과 상관없이 즐거움은 곳곳에 있다.

하고 싶은 일을 하면서 노후를 보내고 싶은데 돈이 부족하다고 생각하는 사람이 많다. 캐나다의 한 직장인은 은퇴 기념으로 산 복권이 당첨되어 은퇴자금을 마련했다고 좋아했다. 내게도 그런 일이 일어날까. 거의 0에 가깝다. 돈이 많아 실컷 하고 싶은 대로 해보고 싶은가? 그렇게 해본 사람이 있다.

마커스 페르손은 자신이 만든 게임을 마이크로소프트에 3조 원에 팔고 은퇴했다. 그는 비버리힐즈의 대저택과 초호화 만찬을 누렸다. 가지고 싶은 걸 다 가져 보았고 하고 싶다고 상상하는 일을 다 해봤다. 그런데 5년 후 이혼했다. 자신의 트위터에 "나는 행복하지 않다"고 글을 올렸다. 그는 매일 밤 수억 짜리 파티를 해도 고독하고 삶이 즐겁지 못했다고 한다. 그의 인생에서 무엇이 빠진 것일까? 그는 삶의 즐거움이 돈이 전부가 아님을 한바탕 질펀하게 증명한 걸까.

많은 퇴직자들이 경제적 부담 없이 노후를 즐기고 싶어 한다. 철학 공부는 돈이 거의 들지 않는다. 철학을 통해 다양한 관점을 접한다. 물질적인 풍족함에 대한 끝없는 욕구가 인생의 전부가 아님을 알게 된다.

철학 수업을 듣고 좋아서 남편에게 같이 가자고 몇 번 권해보았다. 하지만 남편은 방탄소년단에 빠져 도서관에 같이 가지 않는다. 오히려 방탄소년단이 얼마나 대단한지 설명하고 이해시키려고 안간힘을 쓴다. 쉬는 날 남편에겐 유튜브가 꿀단지다. 그에겐 그의 취미가 있으니 인정!

[돈이 적게 들고도 재미있게 사는 방법 Tip]

자신이 좋아하는 공부를 찾는다

공부하면 대화가 풍부해진다

철학 공부는 노년을 같이 할 좋은 친구다

　　　　　　　　　　　　　오늘, 남편이 퇴직했습니다

재무설계 상담으로
막연한 불안을 내려놓다

아파트에 살 때는 베란다와 창고가 넓은 집에 살았다. 창고에는 자주 쓰지 않는 물건을 두었다. 작은 집으로 이사를 하면서 쓰지 않는 물건은 많이 정리했다. 남편은 직장에 있을 때 썼던 서류와 명함을 200장 이상 가지고 있었다. 퇴직하면서 혹시 필요할지 몰라 두었지만 다시 보지 않았다. 이사 준비를 하면서 남편은 자료에 미련이 남아 버리지를 못했다. 하지만 명함 전화번호에 한 번도 통화한 적이 없다는 사실을 인정할 수밖에 없었다. 퇴직 후 이사는 과거사에 대한 정리다.

책상 서랍에 모아 두었던 은행 통장도 꺼냈다. 통장에 접어 두었던 3만 원이 나와 얼마나 반갑던지! 요즘은 인터넷뱅킹을 하니 통장 내역을 잘 살펴보지 않는다. 정리하다 잘 안 쓰는 통장에서 잔액이 2~3만 원이라도 있으면 로또 당첨처럼 기분이 좋았다. 서랍에서 금맥을 캐듯 진지하게 통장과 보험증권을 살펴보았다. 1년 안에 찾을 수 있는 보험은 금덩이를 주운 것 같았다. 어떤 보험 상품은 자동이체를 해놓고도 언제 그 돈을 받을 수 있는지 모르고 지냈다.

퇴직 후에는 자신의 재무 상태를 체크하는 것이 무엇보다 중요하다. 50플러스캠퍼스에서 생애설계 7대 영역 중 재무설계를 받았다. 인생 100세 시대에 노후를 어떻게 꾸려갈지에 대한 점검이다. 우리 집 경제 사정을 체크했다. 먼저 나이. 나는 56세, 남편은 59세다. 남편 65세에 국민연금 받는다면 7년을 기다려야 한다. 남편이 받은 퇴직금은 두 아들 학비와 생활비로 다 썼다. 생애설계 전 현 상태를 알아야 전략을 세울 수 있다. 생활비를 어떻게 확보할지 동산과 부동산을 점검해봐야 한다.

남편이 국민연금을 얼마 받을지 개인 연금보험은 언제 얼마를 받는지 알아보았다. 전 직장에서 27년간 근무, 국민연금을 계속 냈다. 퇴직 후 2년 동안은 최고액을 냈다. 지금은 최저액을 내고 있다. 7년 후 100만 원 이상 받는다. 나는 따로 국민연금을 붓고 있어 20만 원 가까이 받을 예정이다. 개인 연금보험과 부동산에서 나오는 약간의 돈을 합산하면 65세 이후 두 사람 생활비는 가능하다. 노후에 대해 막연한 두려움을 지니고 있었는데 점검해보고 마음이 훨씬 가벼워졌다.

오늘, 남편이 퇴직했습니다

상담 후 시간이 좀 더 길었으면 하는 아쉬움은 남는다. 두 아들이 결혼하는 경우 어떻게 지출하는 것이 현명할까? 퇴직 후 벌이가 줄었는데 부모부양비와 병원비, 요양비는? 빨간 신호등이 여기저기 켜진다. 어떻게 부담할지 의견을 맞춰야 하는데 우리 부부는 꼭 필요한 대화는 미루고 충분히 상의를 안 한다.

베란다 넓은 집에서 작은 집으로 이사할 때 줄이지 않으면 방법이 없었다. 이사는 막연하게 '계속 이렇게 살아도 되지 않을까' 하는 마음을 정리하는 계기가 됐다. 골프채는 쓰레기장으로 실려 갔다. 아들의 바이올린, 전자 피아노, LP판, 음악CD, 카세트테이프, 야구 방망이 등 두 아들과 여가와 문화를 함께 했던 물건들은 다른 주인을 만났다. 가족과 함께 했던 물건이 없어지자 추억마저 삭제당하는 것 같은 허전함이 밀려왔다. 아이들이 가지고 놀았던 물건에는 각각의 사연이 있고 우리집만의 고유한 문화가 있었는데….

작은 집으로 옮기기 위해 정리하면서 '좁은 데서 얼마나 불편할까' 하는 걱정과 서글픔이 있었다. 살아보니 불편함이 당연히 있다. 작은 방에 책이 많으니 꺼내기가 불편하다. 거실 소파는 세 명이 앉기 어렵다. 집에 누가 방문하면 편하게 이야기할 곳이 마땅하지 않다. 그래도 살아진다.

퇴직 후 생애설계를 하면 좋은 이유는? 나를 객관적으로 점검할 수 있다. 생애설계하면서 떠오른 생각이 있다. '미래를 걱정하는 마음을 왜 붙들고 있지? 걱정까지 다 버리면 너무 허전할 것 같아 쓸데없이 붙들고 있는 것은 아닌가.' 생애설계는 컨설턴트의 거울을 통해 내 생애를 객관적으로 바라보는 작업이다. 버릴 건 버리고 쓸데없는 후회를 줄이는 작업이다. 1년에 한 번씩 집안 물건을 정리하고 생애설계 상담을 하려고 스마트폰 캘린더에 일정을 입력했다.

[재무상태를 점검하면 좋은 점 Tip]

재무상담으로 막연한 불안을 해소한다

나를 객관적으로 본다

후회를 줄인다

전원주택에 사는 꿈을 이루면,
그 다음은 뭘 하지?

남향 거실에 하루 종일 햇빛이 쏟아진다. 거실 소파에 앉으면 바다가 보인다. 뒤뜰에는 상추와 쑥갓이 자란다. 앵두나무, 포도나무가 있어 봄, 여름철에 따먹을 수 있다. 남해안 작은 섬의 전원주택 풍경이다. 내가 사는 집은 아니다. 하지만 클릭 한 번으로 이런 풍경을 감상할 수 있다. 요즘 유튜브에서는 퇴직후 전원주택에 살고 싶은 꿈을 실감나게 보여준다. 드론 영상으로 안방에서 입체적으로 집을 조망할 수 있다. 전원주택 영상 보는 재미에 빠져 있다가 의문이 생겼다. 저렇게 깔끔하게 잘 지은 집을 왜 2년 만에 팔려고 내놓을까? 어떤 어려움이 있는 걸까?

남해안 섬에 지은 신축 전원주택은 모터보트까지 있다. 걸어서 5분이면 바닷가에 도착한다. 날씨가 허락하면 낚시가 언제든지 가능한 모터보트까지! 낚시를 좋아하는 남자라면 꿈꾸는 그림 아닌가! 그야말로 상남자가 될 수 있다. 젊을 때 꿈이 퇴직해서 바닷가에 사는 것이라면, 조용히 낚시를 하고 집에 텃밭이 있어 유기농으로 채소를 키우고 자급자족하는 거라면, 꿈은 금방 실현할 수 있다. 부동산과 연결하면 일사천리 가능하다.

꿈을 이루는 다른 방법은 살고 싶은 집을 짓는 것이다. 오랫동안 꿈꿔 왔던 나만의 집을 설계하고 짓는다. 마당에는 잔디를 심어 싱그러운 푸른 초원을 만들고 과실수를 심는다. 부엌은 아내가 늘 소원한대로 아일랜드싱크대에 수납이 잘 되는 부엌가구를 넣는다. 그리고 일반 냉장고와 김치 냉장고를 나란히 놓아 편리성을 더한다. 냄새나는 생선과 삼겹살은 보조주방에서 구워 집에 비린내가 풍기지 않고 기름으로 찌들지 않는다. 이런 계획을 통해 꿈이 이루어진다. 우리 부부도 한때 그런 꿈을 꾸었다.

남편은 남해안 바닷가가 고향이다. 고향에 친구나 후배가 산다. 남편과 친한 후배 중 낚시 전문가가 있다. 후배는 바다낚시에 필요한 물때표(밀물과 썰물이 들고 나는 시간표)와 어느 쪽 바다에 언제 어떤 생선이 다니는지 머릿속에 거의 완벽한 지도가 있다. 남편이 퇴직하고 그 후배를 만나 배낚시를 했다. 지역밀

착형 낚시 전문가가 같이 하니 생선이 많이 잡혔다. 남편은 그날 평소에 생각하던 꿈을 후배에게 말했다.

"00야, 고향에 내려와 낚시를 업으로 해볼까?"

"형님, 배를 하나 사서 낚시하며 먹고사는 것도 괜찮아요. 해보세요. 내가 도와줄게." 사실 남편은 낚시를 4살 때부터 좋아했다. 집이 부두 근처였다. 바닷가에 앉아서 어른들이 낚시하는 것을 보며 자랐다. 하지만 17살 고등학교 입학 후 외지로 나가 바다 사정을 섬세하게는 모른다. 그러니 낚싯배 하나 사서 후배랑 같이 한다면 좋은 조건이다.

긍정적으로 생각하고 낚싯배 값을 알아보니 '억~' 하는 소리가 났다. 배와 조업권까지 포함하면 돈이 몇 억 이상 들어간다 (구체적인 숫자는 그곳 사정에 따라 달라 표기를 안 한다). 그런데 우리는 그렇게 투자할 현금이 없다. 낚싯배를 산다는 것은 취미가 아니라 몇 억을 투자하는 사업이다. 단순히 고향에 내려가서 먹고사는 수준이 아니다. 그전에는 막연하게 생각했다. '남편이 낚싯배를 사서 노후를 보낸다면 나는 호미 하나 들고 굴도 따고 바지락조개를 캐서 먹고살면 되겠구나' 하는 생각이었다. 고향에서 자연과 함께 노후를 보내기 어렵지 않다고 생각했다. 그런데 낚싯배 가격 '몇 억' 앞에서 주춤했다. 바지락 캐고 낚싯배로 활어를 잡아 싱싱한 회를 먹는 꿈을 접었다.

유튜브에서 보는 전원주택은 꿈의 집이다. 집을 지은 사람들은 젊을 때 그리던 꿈을 이루었다. 사실 전원주택 소개하는 영상을 매일 볼 정도로 푹 빠졌다. 남의 집이지만 멋있고 살고 싶다. 서울과 달리 남향에 넓은 창문에 보조부엌까지 얼마나 편리한가. 그런데 냉정히 생각해본다. 저렇게 멋진 집을 왜 팔려고 하지? 궁금해서 꼼꼼하게 내부를 다시 보았다. (유튜브 ○○ 부동산TV 조회 수 많이 올려주었다^^) 넓은 거실에 최신형 노래방 기계, 대형벽걸이 텔레비전, 실내 운동기구, 골프채 두 개(부부용)가 있다. (대체로) 안방 외에 작은 방이 있지만 자녀들이 같이 사는 흔적은 없다. 부부 중심으로 살려고 지은 것이다. 그런데 부부 두 사람이 30평 집을 청소하고 잔디밭 마당을 관리하기 쉬울까? 60살, 70살이 되면 집을 관리하는 것이 쉽지 않을 것이다. (16평 집 청소 가끔 한다. 며칠에 한 번 하는지는 비밀이다^^)

또 한 가지 주목한 점이 있다. 집에 책이 없다. 컴퓨터가 없다. 책은 혼자 있을 때 시간을 보내기 좋은 친구다. 물론 라디오도 있고 텔레비전도 있지만 수동적인 받아들임에 비해 책은 독자가 주체가 되는 적극적인 활동이다. 또한 책을 읽으면 혼자 있는 시간을 의식하지 못할 정도의 끌림이 있다. 그리고 컴퓨터는 세상과 나를 연결하는 그물이다. (스마트폰과는 다른 기능) 컴퓨터를 통해서 지역사회와 연결하는 통로를 찾을 수 있다. 화면에 보이는 전원주택은 편리한 시설을 잘 갖추었고 원하는 골프를 실컷 칠 수 있지만 무인도 같이 보인다. 전원주택에 살면 혼자 보내야 하는 시간을 견디는 굳센 정신력이 있어야 한다. 옆에 아무도 없어도 심심하지 않는 자족하는 일상이어야 한다.

전원으로 생활을 옮기면 그곳에 맞는 새로운 관계망을 만들어야 한다. 예전 친구들은 처음에는 인사로 와주지만 점점 오지 않는다. 물론 카톡으로 '그곳에 가고 싶다. 네가 부럽다'고 말해준다. 그래서 새로운 관계가 필요하다. 이웃과 사귀기, 동호회 활동, 자원봉사 같은 사회적 관계망과 사회적 지지가 빠지면 '내가 왜 여기 살지?' 하는 생각이 들고 정신적 욕구 충족이 안 된다. 자칫하면 적막강산이 된다. 부부가 차 두 대로 각각 나들이 하는 것은 여유가 있다면 가능하지만. 좋은 외관과 최신식 물건으로 채우는 물질적인 욕구는 충족되지만 정신적 내면이 충족이 안 되면 산뜻한 집이 지겨워지기 시작한다.

돈이 있다면 퇴직 후 본인이 원하는 집을 지을 수 있다. 바닷가에 살면서 낚시를 하고 유명온천에 가서 매일 몸을 풀 수 있다. 골프를 칠 수 있다. 하지만 그 꿈을 이룬 후에는 어떻게 살것인가? 물질적 만족과 더불어 반드시 고민해보아야 할 것은 정신적으로 만족할 수 있는지다. 벽난로에 장작은 누가 하느냐부터 혼자 있을 때 뭘 할 것인지, 동네사람, 지역사람과 어떻게 어울릴 것인지 고민해야 한다.

우리 부부가 고향에 안 내려간 이유는? 물론 낚싯배 살 형편이 안 되어서다. 하지만 한편으론 정신적인 준비가 덜 됐다. 전원주택을 지은 사람은 젊은 날 열심히 달렸을 것이다. 다른 사람보다 몇 배로 열심히 뛰어 꿈을 이루었다. 하지만 그 속도를 조절하는 지혜가 필요하다. 혼자만을 위한 물질적인 꿈을 이룬 다음에는 권태가 오기 쉽다. 권태롭지 않는 방법은 남과 나누는 일이다. 시간을 나누고 음식을 나눈다. 자신에게 맞는 정신적인 기쁨을 느낄 수 있는 일을 찾는 게 좋다. 지금 사는 그곳에서 의미를 만들어간다. 넓은 집에 사는 꿈을 이어가려면 멀리 사는 가족을 넘어 남과 더불어 어떻게 재미있게 살 것인가 고민해야 하지 않을까.

"우리는 우리가 받은 것으로 생계를 꾸려가지만, 우리가 남에게 나누어줄 때 비로소 생명 있는 삶을 살게 된다" - 윈스턴 처칠 (영국총리, 작가)

[젊은 시절 꿈을 이룬 후 점검 Tip]

속도를 조절하는 지혜가 있는가

남과 어떻게 무엇을 나눌 것인가

물질적인 만족과 정신적인 만족이 어울리는가

오늘, 남편이 퇴직했습니다

퇴직 후 활력 있게 사는
6가지 방법

AI 로봇이 인간의 일을 대신하는 시대다. 퇴직 전에도 나만의 고유한 일이 없으면 불안한 시대가 됐다. 퇴직 후에는 더욱 일을 찾기 어렵다. 이때 시선을 '5도' 정도 돌려보자. 시간을 어떻게 보낼지 알 수 있다.

로봇이 일을 대신해주니 시간이 많아 건강, 재미, 명상이 뜬다. 사람들이 돈에 여유가 있으면 건강에 돈을 쓴다. 몸에 인공 관절, 인공 장기를 갈아 끼우면서 장수하는 시대다. 의학의 도움으로 더 오래 살게 됐다.

이렇게 오래 살면 사람은 어디에 관심이 있을까? 재미다. 재미를 추구하는 시대에 엔터테인먼트 사업이 뜬다. 그런데 재미를 많이 추구하다 보면 피곤해진다. 그래서 조용히 자신을 찾을 수 있는 명상이 인기가 있다. 명상은 퇴직 후 복잡한 마음을 차분하게 해주는 하나의 치유 방법이다. 퇴직 후 건강하게, 재미있으면서도 차분하게 나를 찾을 수 있을까? 힐리언스 선마을 촌장인 이시형 박사는 말한다.

"100세 너머까지
우아하고 아름답게
내 발로 걸을 수 있고
치매에 걸리지 않고
생애, 현역으로 뛰어야 하며
병원에 안 가도 되는 사람"

요즘 부고란을 보면 돌아가신 분이 90세를 넘긴 경우가 많다. 100세 시대가 성큼 다가온 것을 느낀다. 100세까지 우아하고 아름답게 살려면 어떻게 하면 좋을까?

가장 좋은 건 스스로의 힘으로 건강을 유지하기다. 내 발로 걸을 수 있으면 침대에 누워 간호 받는 의료비의 8배를 절약할 수 있다. 치매에 걸리고 안 걸리는 것은 내 의지는 아니지만 한 가지 예방법은 있다. 지금 현재 자신이 하는 말과 행동이 어긋나지 않아야 한다. 말과 행동이 어긋나는 것을 업계 전문용어로 '인지부조화'라고 한다. 말 따로 행동 따로 하다 보면 '나는

오늘, 남편이 퇴직했습니다

누구, 지금 나는 어디 있나'가 된다.

이런 인지부조화가 되지 않으려면 '~척'을 하지 않아야 한다. 잘난 척, 예쁜 척, 무식한 척, 너무 아는 척을 안 해야 한다. 생애 현역은 누군가와 물질적, 정신적으로 어떤 도움을 주고받으면 현역이다. 그리고 남성이든 여성이든 내 밥은 스스로 챙겨먹는다면 현역이다.

'병원에 안 가도 되는 사람'은 병원에 의존하지 않겠다는 행동과 마음이 필요하다. 병과 건강을 염려해서 떨지 않는 마음이어야 한다. 나이 들면 만성병이 친구처럼 온다. 만성병을 치료하러 병원을 학교처럼 매일 다니고 싶지는 않을 것이다. 쉽고 편하게 치료한다고 병원에 의존하면 약물과 주사를 가까이 해야 한다. 물론 후유증이 오면 또 병원에 의존해야 한다. 친구 시어머님은 1년에 400회를 병원과 한의원을 다녀 의료보험공단에서 경고를 받은 적이 있다.

만성병 친구와 싸울 것인가 잘 다룰 것인가는 병원에서 다 가르쳐 주지 않는다. 본인이 링거나 주사, 약에 의존하지 않겠다는 굳은 결심이 필요하다. 병원에 자주 가면 자식과 손자 세대에 부담을 준다. 미래 자원을 당겨쓰는 것과 마찬가지다. 만성병과 불치병에, 죽음에 담담할 수 있는 마음을 기르는 종교, 철학 공부, 자기수양, 봉사활동을 하면 도움이 된다.

이제 재미있게 사는 방법을 알아보자. '전업주부라도 점심은 혼자 먹지 마라'는 말이 있다. 사람들과 점심을 같이 먹으면 디테일한 정보가 오고 간다. 세탁기를 어떻게 조절하면 빨래가 깨끗하게 되는지, 요즘 나오는 건조기를 써보니 어떤지, 에어 프라이어를 쓰면 어떤 점이 좋은지도 밥을 같이 먹으면 더 잘 알 수 있다.

퇴직 후도 마찬가지다. 시간의 자유와 기회의 문이 활짝 열렸다. '혼자 썰렁하게 어떻게 밥 먹지' '누구랑 밥 먹을까' 고민된다면 가족 외에 사람과 어떤 이야기를 나누면 좋을까 생각하라. 친하게 지냈던 옛 동료를 만나기보다 새롭게 사귄 사람과 같이 점심을 먹는다.

물론 퇴직 후 처음에는 잘 알지 못하는 사람과 밥 먹으면 서먹서먹하다. 밥을 먹는 동안 형식적인 정보만 오갈 수 있다. 특히 남자들은 자신을 먼저 드러내지 않는 경향이 있다. 이때 내가 먼저 자신을 오픈하고 질문을 하면 좋다. 질문은 '저 사람이 나에게 관심이 있구나'라는 표시라 친해지기 좋다. 그러기 위해서는 관찰력을 길러야 한다. 그 사람이 어떤 이야기를 좋아하는지 민요에 관심 있는지 그림에 관심 있는지 들어보라. 나와 취미가 비슷하다면 좀 더 질문을 하면서 가까워진다. 관찰을 하면 내가 할 수 있는 일이 무엇인지 알게 된다.

퇴직 후 활력 있게 사는 방법이 많다. 많은 방법을 구슬 꿰듯 6가지로 정리해본다. 6가지를 잘 활용하면 기(氣)를 북돋아주는 사군자탕, 혈(血)을 보해주는 사물탕 보약만큼 몸에 좋다. 물론 여유가 된다면 엔진에 윤활유 넣듯 보약을 먹어도 좋다. 중요한 점은 인생에서 '내가 주인공'이 되는 것이다. 회사인간으로 조직인간으로 살았던 나를 보내고 새로운 '나'를 만나자. 퇴직은 나를 찾아가는 황금기다. 퇴직 후는 나의 문화가 꽃피는 르네상스 시대다.

퇴직 후 활력 있게 살기, 그 첫 번째, 다양한 분야에 관심을 가져라. 세상은 넓고 새로운 지식은 무궁무진하다. 목공인형 만드는 것을 배우면 손주 장난감을 만들 수 있다. '궁궐의 단청은 왜 문양을 넣었을까?' 궁금하면 평생 단청 그림을 그린 실무자에게서 강의를 들을 수 있다.

50플러스센터 '열린학교'에 분노조절 강의를 준비하면서 다른 강의 목록에서 단청일을 30년 하신 분을 봤다. 시간이 안 맞아 강의는 못 들었다. 하지만 열심히 배우고 익히면 강사가 될 수 있음을 다시 한 번 알게 됐다. 평소에 무슨 뜻인지 모르고 들었던 오페라의 뜻을 알고 재미있게 감상할 수 있다. 그 노래에 담긴 의미를 알면 지적 즐거움이 배가 된다.

둘째, 자식은 자식 인생, 나는 '내 인생'이다. 자식이 스무 살이 넘으면 자식은 부모 품에서 훨훨 날아가야 한다. 정신적 물질적으로 독립해야 한다. 최근 집값이 워낙 비싸 자식이 따로 살면 비용이 많이 나간다. 하여 경제적 독립이 어렵긴 하다. 그럼에도 내보내기를 적극 권장한다. 거리를 두면 정신적으로 경제적으로 빨리 독립한다. 나의 경우 둘째 아들이 일본에서 목조건축 전문학교를 졸업 후 독립해서 산다.

아들은 우리 부부와 같이 살 때 화장실 수건이 동창회 기념, 관광 기념이 쓰인 촌스런 디자인이라며 불만이었다. 이번에 아들이 본인살림 장만을 하면서 화장실 수건은 호텔처럼 깔끔하게 한 가지 색과 크기로 통일했다. 나보다 더 집을 잘 정리한다. 살림살이에 든 돈은 중학교 때부터 세뱃돈과 용돈을 모은 돈이다. 그 돈으로 집을 빌리고 소형 중고차를 샀다. 아들이 중학교 입학할 때 증권통장을 만들어주었다. 그 후 아들 스스로 통장을 관리하고 돈을 모으는 훈련을 한 결과 지금의 독립을 이룰 수 있었다.

같은 집에 산다고 해도 부모가 먼저 자식과 거리를 두어야 한다. 자식이 뭘 하는지 간섭하고 통제하면 자식은 제 인생을 펼치기 어렵다. 당연한 말이지만 부모도 자식에게 손을 안 벌려야 한다. 컴퓨터를 모르면 구청컴퓨터 교실이나 공공기관에서 열심히 배워야 자식이 언제 오나 기다리지 않는다. 부모가 오히려 스마트폰 기능을 제대로 익혀 가르칠 정도가 되면 자식은 부모에게 존경심을 가진다. 같이 살더라도 부모는 자식에게, 자식은 부모에게 의존하지 않는다. 건강한 가족이란 자식을 잘 키워 사회에서 제 역할을 하게 만드는 것이다.

오늘, 남편이 퇴직했습니다

셋째, 취미는 인생을 풍부하게 한다. 취미가 돈이 되는 시대다. 50플러스센터 '열린학교'에서 여러 방면의 강사들과 만났다. 그들은 어떻게 강사가 됐을까? 회사를 30년 다닌 분, 선생님 하신 분, 공직에서 퇴직한 분 등 다양한 사람들이 있는데 자신이 좋아하는 취미가 탄탄한 사람은 강의를 만들고 나눈다. 그 분들은 무엇보다 즐겁고 활기차다. 몸과 마음이 건강하다. 취미를 살려서 즐겁고, 사람을 만나 사회적 기여를 해서 즐겁다. '취미는 무슨 얼어 죽을! 쓸데없는 데 돈을 들이나?'라는 생각, 먹고사는 데 도움이 안 된다는 생각을 하고 있는가? 21세기에는 바꾸어야 한다. 벌써 21세기가 20년이 지났지 않았는가. 의미 있는 인생을 보내는 좋은 방법이 취미다.

넷째, 외로움을 벗어나도록 말을 많이 하자. '노년에는 말은 적게 하고 지갑은 자주 열어라'는 말이 있다. 그런데 말을 많이 하라고? 말을 하되 자기 자랑보다 남에게 도움이 되는 정보를 주도록 노력한다. "나는 40년 전에 어느 대학을 나온 사람이야" 이런 말은 삼가자. 듣는 사람은 '그래서 어떻다는 말씀인가요?'라고 속으로 웃는다. "내가 과거에 어떤 사람이다"라는 사람 근처에는 사람이 모이지 않는다. 외롭지 않으려면 말을 하되 상대방에게 도움이 되는 말을 하고 실제로도 도움을 주면 외롭지 않다. "이 놈의 인기 때문에~" 하는 말이 나올 것이다.

다섯째, SNS 활용을 많이 하자. 온오프라인 모임에 적극 참여하자. 50대 60대가 유튜브를 시청하는 시간이 30대보다 높다. 나는 "양파의 몸통인문학"라는 네이버 블로그를 운영한다. 블로그 통계를 보니 50대 남성이 가장 많이 자주 들어온다. 퇴직에 대한 내용을 많이 올려서다.

SNS는 나를 알리는 좋은 도구다. FBI 마켓팅을 들어보았는가? 페이스북, 블로그, 인스타그램을 의미한다. 여기에 유튜브를 더하면 자연스레 나를 알리게 된다. 박막례 할머니는 전 세계에 Korean Grandma로 통한다. 유명 방송국에서 할머니를 초대하고 미국에 있는 유튜브CEO가 한국에 막례 할머니를 직접 찾아오는 시대가 됐다. 이제 퇴직 후 SNS는 필수다. 돈 버는 일을 하고 싶다면 해야 하는 시대다. 그중 하나를 능숙하게 하면 다른 SNS와 연결시킬 수 있다. 취미와 관심이 비슷한 사람과 친구가 된다. 정보를 생산하고 발산하면 어느새 전문가가 될 수 있다.

SNS를 활용하는 꿀팁 하나! 질릴 정도로 꾸준히 하라. 매일 보면 다른 사람이 올린 정보를 판단하고 재가공하는 눈이 트인다. 꾸준히 하면 세상 돌아가는 트렌드가 보인다.

여섯째, 이해관계 없이 대화할 수 있는 독서클럽을 활용하자. 이해관계(利害關係)가 있는 모임은 오래가지 않는다. 자신이 원하는 이익이 없으면 관계는 흐지부지된다. 이해관계가 0인 모임은 없겠지만 굳이 찾는다면 독서모임이 좋다. 독서모임은 정신적 욕구를 충족시키는 데 최고다. 들어는 봤지만 못 읽은 고전, 현직에 있을 때 시간이 없어 못 읽은 책도 좋다. 최근에 나온 과학책도 좋다. 어떤 분야든 같이 읽자.

집 근처 도서관에서는 독서모임에 장소 제공과 책, 간식을 지원하기도 한다. 그런 독서모임에 합류해도 좋고 자신이 원하는 분야를 적극적으로 알려 같이 읽을 사람을 모아도 좋다. 나는 'EBS 세계테마기행'을 자주 본다. 어느 날 텔레비전을 보는데 호주에 지질탐사여행을 이끄는 리더('박자세'의 박문호 박사)를 보고 깜짝 놀랐다. 몇 만 년 된 지형을 보고 눈물을 흘리는 장면이었다. 지질에 관한 책을 같이 읽고 여행을 간 멤버들도 현장을 보고 너무 좋아했다. 그 감동이 내게도 전해졌다. 이처럼 자신이 좋아하는 분야의 책을 같이 읽으면 즐거움이 있다.

로봇이 일을 대신하는 시대에 시간을 잘 활용하는 스마트한 사람이 될 것인가? "세상이 왜 이래" 하는 투덜이가 될 것인가? 본인의 선택이다. 이제 아무도 이렇게 살아라 저렇게 살아라 하지 않는다.

퇴직 후에는 못 해본 일을 하자. 물질적, 정신적 욕구를 무시하지 않고 뭘 하고 싶은지 나에게 귀를 기울여보자. 물질적 욕구에 많이 기울어지면 돈도 잃고 인생의 균형을 잃는다. 퇴직 전 먹고 살고 자녀교육하기 위해 얼마나 고생했는가. 나를 찾는 문화 르네상스는 본인에게 주는 선물이다. 정신적 욕구를 충족시켜 삶의 균형을 찾게 해보자. 퇴직 후 삶을 활력 있게 만든다. 이것은 자기수양의 명상이기도 하다. 이런 환경은 본인이 만든다.

[활력 있게 사는 6가지 Tip]

다양한 분야에 관심을 가진다

자식은 자식 인생, 나는 '내 인생'이다

취미는 인생을 풍부하게 한다

상대방에게 도움이 되는 말을 한다

SNS 활용을 많이 한다

독서클럽을 활용한다

살림 줄여 살기,
건강 유지하기

**PART
6**

집안대소사 바꾸려면
잡음을 견뎌야

내일은 아버님 기일(忌日)이다. 제사 음식을 준비하러 시장에 세 번 갔다. 과일가게에서 배, 사과 한 봉지와 나물 재료를 샀다. 무거워서 혼자서 들고 올 수가 없다. 그래서 아침, 점심, 저녁으로 나누어 장을 보았다. 그 외 재료는 대형마트에 가야 한다. 다행히 이번에 강의가 없어 시장에 다닐 짬이 났다. 차릴 목록을 메모했지만 시장 본 후에도 한두 가지는 빠진다. 예전에는 어머님이 확인하셨다. "야야~ 빠진 게 있는지 알아봐라" 하시며 여러 번 점검하셨다. 어머님이 60년간 정성들여 지내던 제사를 큰며느리인 내가 맡겠다고 했다.

어머님보다 음식을 더 잘해서 그런 게 아니다. 어머님이 제사를 주관하실 때는 느리다고 일을 잘 안 시켰다. 내 살림이 아니니 솔직히 소극적으로 일했다. 이제 일을 잘하는지 못하는지는 중요하지 않다. 지출을 줄여야 한다. 남편 퇴직 후 가족 대소사를 점검하니 제사 비용이 많이 나갔다. 어머님은 큰아들이 벌이가 좋을 때처럼 제수를 넉넉하게 준비했다. 60년 동안 몸에 배어 바꿀 수가 없었다.

우리 고향은 삼천포, 항구도시다. 생선이 흔하니 제수 생선을 일곱 가지나 차린다. 물론 제삿날 다 먹는 건 아니다. 집안 사람 싸주고 우리도 싸가지고 와서 냉동실에 넣었다. 음식량을 줄이자고 남편에게 몇 번을 말했다. 하지만 남편은 어머님께 감히 말하지 못했다. 직접 말해봤지만 소용이 없었다. 어머님이 제사상에 많이 차리는 것은 자부심이자 자존심의 척도였다. 제사 비용은 큰아들이 결혼해서부터 퇴직 전까지 잘 보내드렸다. 어머님은 제사 음식으로 집안사람들에게 큰아들의 성공과 위상을 자랑하고 싶었을 것이다.

명퇴 후 명절 제사상에 여전히 생선이 많이 올라갔다. 큰며느리인 나는 "어머니, 이제 제가 서울에서 지내겠습니다"라고 선언했다. 퇴직했지만 제사 비용은 여전히 우리가 부담하고 있었기 때문이다. 그 말을 꺼내기 전 사전 작업을 했다. 남편에게 가족회의를 하자고 했다. 하지만 정작 형제간에 만나면 그런 말을 못했다. 적극적으로 남편을 설득했다. 제사는 우리가 지내자.

처음 제사를 우리 집에서 지낸 2년 동안은 심리적인 저항이 있었다. 남편은 바뀌는 제사 문화에 혼란스러워했다. 동생이 "예전 방식으로 하는 게 도리다" 하면 마음이 흔들렸다. 아내 말에도 일리가 있어 괴롭고 어두운 표정이 됐다. 나는 주변(서울)에 간소하게 지내는 사람의 예를 반복해서 들려주었다. 시대에 따라 전통과 문화가 바뀐다고 설득했다. 그러다 실업급여도 들어오지 않고 수입이 없자 경조사와 가족 대소사, 살림 비용을 줄이는 데 동의했다.

'살림을 산다'는 말은 살아있는 생물처럼 생활 역시 현재에 맞게 변화해가야 한다는 뜻이다. 퇴직 후에도 '남이 나를 어떻게 볼까 집안사람들이 수군거리지 않을까' 외부 시선에 잣대를 두면 변화에 적응하지 못한다.

집안대소사는 퇴직 후 수입이 없는 상태에서 큰 부담이다. 우리 집은 전통을 바꾸는 데 저항이 있었지만 부담이 확 줄어들었다. 서울에서 제사를 지내고 제사 음식 줄이는 일은 처음에는 의견이 100% 맞지 않았다. 서둘지 않고 기다렸다. 변화는 한 번에 일어나지 않는다. 잡음을 견뎌야 한다. 퇴직 후 3년이 되자 서울에서 간단하게 제사를 지낸다.

이번에 제사상 차리느라 시장을 세 번 왔다 갔다 했지만 마음은 가볍다. 누군가 바꿔주기를 기다리기보다 능동적으로 의견을 내어 바꾸었기 때문이다. 혼자서 종일 생선전, 부추전, 나물하느라 바빴지만 뿌듯하다.

"아버님, 아버님이 생전에 주신 따뜻한 사랑 덕분에 큰아들 내외 잘 지냅니다. 기분 좋게 한 상 차렸습니다. 잘 드시고 자손들이 어떻게 사나 잘 지켜봐 주시고 도와주세요."

[집안대소사를 바꾸고 싶을 때 Tip]

전통을 바꾸려면 잡음을 견뎌야 한다

살림은 현재에 맞게 변화를 준다

본인이 능동적으로 살면 스트레스가 덜하다

오늘, 남편이 퇴직했습니다

작은 집으로
이사하다

미니멀라이프는 생활에 꼭 필요한 물건만으로 살아가는 방식이다. 이러한 생활을 실천하는 사람을 미니멀리스트(minimalist)라고 한다. 그들은 주장한다. 적게 가지면 만족과 행복이 온다고. 하지만 격하게 공감이 되지는 않는다. '미니멀라이프'라는 말에서 모델하우스처럼 집안이 깔끔하고, 주렁주렁 나와 있는 물건 없이 먼지 하나 없는 깨끗한 모습을 떠올린다. 나도 남편 퇴직 2년차가 되자 미니멀라이프로 살아야겠다고 결심했다. 어떻게?

모델하우스 같은 말끔한 아파트가 아니라 집 평수를 줄여서 가는 이사를 결심했다. 최소한의 물건으로 최대한 즐겁게 살기 위해서! 무엇보다 2년 동안 수입이 없는 상태에 앞으로 어떻게 살아야 할지 불안했다. 남편은 '어떻게든 되겠지' 하는 막연한 기대가 있었다. 그리고 '내가 예전에 대기업 임원 했던 사람인데…' 하는 자의식에 남의 시선을 의식했다. 물론 이해는 한다. 퇴직 초기에 골프를 치러 갈 때 남편은 차가 없어 같이 가는 사장에게 주소를 알려주어야 했는데 마음이 불편했다고 한다. 이런 마음을 잘 읽어주어야 했다. (골프 약속은 1년이 지나자 자연스레 없어졌다)

옮길 집은 인터넷에서 가격을 보았지만 '시세가 이 정도구나'만 참고할 뿐 어떻게 해야 할지 혼란스러웠다. 집 근처 부동산에 가서 빌라 시세를 알아보았다. 사는 아파트를 전세주고 작은 빌라로 가면 차익으로 월세가 얼마라도 나오는 작은 오피스텔을 살 수 있었다. 남편은 깨끗이 수리한 지 2년밖에 안 된 아파트에 미련이 많았다. 결혼해서 24년 만에 마련한 아파트다. 지방에서 외국으로, 국내에서 국내로 14번이나 이사한 후에 온전한 내 집을 마련했다. '겨우 내 집으로 살고 있는데 또 이사하자고?' 그런 마음을 모르는 바 아니지만 결단을 내릴 수밖에 없었다. 나 역시 집을 고칠 때 마음은 이 아파트에 평생 살려고 했다. 하지만 어쩌겠는가. 퇴직금은 바닥을 찍었다. 퇴직 후 2년이 되니 재취업은 물 건너갔다는 감이 왔다. 어떻게든 수입이 있어야 했다.

결정을 쉽게 내리지 못했다. 아파트의 장점과 어떤 동네 산다는 프라이드, 문화 인프라와 지하철 가까운 환경까지 생각한다면 이사 가기 쉬운가. 그대로 눌러 사는 방법을 궁리해보았다. 에어앤비(Air&B)로 방 한 칸 빌려주면 수입이 조금 들어올 것이다. 하지만 방을 꾸미는 초기 투자비와 누가 같이 살면 신경 쓸 일이 많을 것 같아 아무래도 불편해 패스! 3개월 동안 잠을 제대로 못자고 번민 끝에 결정을 내렸다. 37평 아파트에서 16평 빌라로 이사하기로.

이사 오기 전 물건 버리는 데 4개월 정도 걸렸다. 쓸 만한 물건은 '중고나라' 카페에 팔았다. 중고나라에 처음 팔 때는 뽁뽁이 택배 포장이 서툴렀는지 도자기 귀퉁이가 깨졌다. 외국에서 아끼던 꽃병이었는데 반품 받아 속상했다. 양주병, 고급 브랜드 큰 접시, 장식장에 있던 물건이 거의 원하는 주인에게 갔다. 지하철 몇 번 출구에서 만나 접선했다. 팔다 보니 지하철 차비 1,300원까지 줄이는 다양한 접선 방법까지 개발하게 됐다.

골프공, 어린이 바이올린, 전자 피아노. 심지어 모기장까지. 중고책은 알라딘 중고매입 검색에서 바코드 입력하고 한 박스 준비하면 택배기사가 가져간다. 처음에는 익숙하지 않아 바코드 입력이 안 됐다. 2,000원짜리 책 한 권 파는 데 몇 번이나 손이 가서 '돈을 벌려면 다른 방법도 있는데 멍청한 짓을 하고 있는 거 아닌가' 자학하도 했다. (나중에는 중고판매 도사(?)가 됐지만.) 중고 가격이라도 좋다. 생활비를 보탠다고 생각하고 안간힘을 썼다. 슬슬 팔리자 '내게 이런 재주가 있었나' 하며 숨어있던 재능을 발견한 것 같아 기분이 좋았다. 유리 그릇, 크리스털 술잔 등 중고시장에서 팔리지 않는 물건은 과감하게 버려야 하는데 미련이 남아 끌고 온 것도 있다.

작은 집에 이사 와서도 일주일 이상 정리했다. 4개월간 팔고 버렸는데도 '괜히 가져왔구나' 하고 후회 막심한 물건이 있었다. 집이 좁아 둘 곳도 없어 물건 한 개를 정리하려면 다섯 번 들었다 놨다 손이 갔다. 어리석은 짓인 줄 알면서 쓰지도 않을 물건을 또 한 곳에 쟁여둔다.

대체 된장국 뜨는 국자가 다섯 개가 왜 필요하단 말인가. (외국생활과 한국생활이 섞이면서 물건이 많아졌다) 14번 이사 다닌 흔적은 버리고 버려도 남아 있다. 못 버리는 물건, 좁은 집에서 끌어안고 있는 물건이 아직 있다. 불교의 돈오(頓悟)처럼 한 번에 확 깨쳐 필요 없는 물건과 욕심을 버려야 하는데 그렇게 하지 못한다. 점수(漸修)처럼 점진적으로 다 버려지지도 않는다.

아직 물건을 한꺼번에 버리고 싶지 않고 미련이 많다. 꼭 해야 할 일을 미루고 쓸데없는 물건을 가지고 낑낑대고 시간을 낭비한다. 의미 없는 짓을 즐기는 것 같기도 하다. 이사하면서 6인용 넓은 식탁과 의자 4개를 없애고 60cm 폭의 좁은 식탁과 등받이 없는 작은 원목의자 4개를 샀다. 원목의자는 안 쓸 때는 작은 식탁 밑에 들어간다. 방바닥에 앉아서 식사하면 되지 않

　　　　　　　　　　　　오늘, 남편이 퇴직했습니다

냐고? 좌식식사는 너무 불편하고 무릎 연골에도 부담을 준다.

미니멀리즘으로 산다고 만족과 행복이 세트메뉴처럼 따라오지 않는다. 그래도 한 가지 확실하게 얻은 것은? 물건을 줄이고 작은 집으로 이사한 후 '어떻게든 되겠지' 하는 막연한 기대는 버리게 됐다.

[이사하면 주어지는 것들 Tip]

이사를 하면 물건이 정리된다

미니멀리즘으로 산다고 만족과 행복이 따라오지 않는다

작은 집으로 옮기면 막연한 기대를 버릴 수 있다

퇴직 후 빚을 줄일까
빚을 줄일까?

　남편 퇴직 전 살던 아파트는 정남향이었다. 겨울에도 하루 종일 햇볕이 들어와 따뜻했다. 카펫 하나 깔아두면 충분했다. 낮에 보일러를 틀지 않고 살았다. 베란다로 나가면 저 멀리 잠실 120층 타워가 보이고 하남 검단산까지 보였다. 가까이는 행당동 작은 야산이 내려다 보였다. 유럽의 시골 성채같은 조용한 아파트였다. 가파른 계단이 아파트 앞쪽에 있어 배달 오토바이가 지나가는 소리도 들리지 않았다. 부엌 창문으로는 50미터 높이의 무학봉이 내려다 보였다.

　봄에는 무학봉의 벚꽃을 보며 설거지를 했다. 여름엔 초등학교 뒤편 언덕에서 올라오는 아카시아 향이 진했다. 전철 타러 내려가는 길에 코끝을 기분 좋게 스쳐 지나갔다. 정남향에 살려

오늘, 남편이 퇴직했습니다

면 3대가 적선한 복이 있어야 한다는데 우리는 그 집을 나왔다.

지금 사는 빌라는 거실 문을 열면 제약회사 빌딩 벽이 보인다. 동남향이라 동쪽과 남쪽에서 햇빛이 들어오지만 앞에 높은 건물이 있어 오전 11시까지 비치다 그늘이 된다. 집 근처엔 40년은 됨직한 철공소가 있다. 그 옆에는 ○○상회다. 고철을 모아 트럭에 싣는 고물상이다. 고물상에선 매일 쇳가루가 날린다. 날카로운 금속이 부딪치는 소리가 들린다. 하여 창문을 닫고 산다. 이런 핸디캡이 있는 환경이니 당연히 가격이 다른 곳보다 쌌다. 저렴함과 마을버스를 타지 않아도 되는 전철 역세권을 보고 선택했다.

남편은 퇴직 후 전용 책상이 있는 넓은 서재를 꿈꾸었다. 지금은 2인용 소파 앞에서 쪼그리고 인터넷으로 공부한다. 어쩌겠는가. 제일 무서운 건 빚보다 빚이 쌓이는 마이너스 가계부다. 집을 팔면 되지 않냐고? 일이 없으면서 통장에 돈이 있으면 곶감 빼먹듯 없어진다. 또한 전세를 옮겨 다녀야 하는 불편함이 있다.

전세를 2년마다 옮기는 비용이 어디서 나오겠는가. 제 살 깎아먹는 일이다. 이제는 500만 원 이상의 이사 비용은 빚이 된다. 나올 데가 없다. 그리고 결혼 후 여러 차례 이사를 경험한 터라 옮겨 다니는 데 진절머리가 난다. 친구들에게 이야기할 때는 대치동도 살아봤고 신도시도 살아봤다, 여기저기 살아봐서 좋다고 자랑했지만 이젠 지쳤다. 더 이상 이삿짐을 싸고 싶지 않다.

집을 줄이자 빚이 줄어들었다. 빌라로 이사 오기 전 고민에 고민을 했다. 결론은 빚을 내지 않고, 집을 팔아먹지 않고 현상 유지하자고 마음을 모았다. 빚이 없는 생활을 위해 남편은 오후 4시부터 일하고 밤 12시에 집에 온다. 퇴근 후 시래기 국 한 그릇과 막걸리 두어 잔을 마신다. 그런 후 하루를 마감하는 담배를 피우기 위해 옥상에 올라간다.

아파트 베란다에선 별을 보는 각도가 90도였다. 지금 빌라 옥상에서는 180도로 하늘을 올려다볼 수 있다. 미세먼지가 없는 날엔 북두칠성과 오리온 별자리가 또렷이 보인다고 한다. 남편은 최근 동양 천문학을 공부하면서 북극성을 매일 올려다보며 별을 관찰한다. 우리가 작은 집으로 이사 온 것은 남편의 예정된 운명(인생여정)이었을까. 어둠이 있어 다른 빛인 별을 볼 수 있게 되는 이 아이러니!

[집을 줄일 지 고민일 때 Tip]

빚을 줄이는 것이 우선순위다

불편한 점을 인정한다

바뀐 환경의 장점을 찾는다

오늘, 남편이 퇴직했습니다

잇몸 건강 체크와
빠른 치료가 절약이다

평생 처음으로 잇몸치료를 받았다. 대한민국 약 판매 2위인 유명한 잇몸약 한 번 먹어본 적이 없었는데…. 오십이 넘어도 잇몸이 튼튼하다는 자신이 있었다. 그런데 8월에 잇몸이 부어 아팠다. 부드러운 죽을 먹어도 아팠다. '조금 참으면 낫겠지' 하며 미련하게 견뎠다. 다행히 하룻밤 자고 나니 가라앉았다. "음~ 괜찮네. 살 만하네" 빠른 자가진단을 하고 치과에 안 갔다. 열흘 후 다시 잇몸이 부었다. 밥알을 씹을 수 없었다. 치과에 가야 한다. 치과에 가면 생각지도 않는 비용이 나오는데 어떻하나?

이사한 지 1년이 지났는데 차일피일 미루다 치과를 정하지 못하고 있었다. 낯선 치과, 내과, 미용실을 개척하는 일이 편치 않다. 이사 후 한동안 적응장애를 겪는다. 어디가 맞는지 간판만 보고는 잘 모른다. 예전에 다니던 치과를 다시 갈까 생각해 봤지만 버스를 타고 가야 해서 통과. 치과에서 과잉 진료한다는 말을 들은 후 어느 치과를 믿어야 할지 혼란스러웠다. 하지만 잇몸이 아프니 더 이상 미룰 수가 없다. 치과는 의료보험 안 되는 항목이 많아 사실 지출이 두려웠다. 고민하다 근처 시립병원에 예약을 했다. 왠지 시립 종합병원은 싸고 믿을 수 있는 곳일 것 같았다.

시립병원은 2차 진료기관이라서 그런지 동네 치과와는 조금 달랐다. 잇몸병에 대해 자세하게 설명을 해주었다. 여성이 50대 이후 갱년기가 되면 면역력이 떨어지는데 잇몸병도 면역력이 낮으면 온다고 한다. 부었다 조금 나은 듯하여 내버려 두면 치료가 더 어렵다고 한다. 내 잇몸병은 면역이 떨어져 오기도 했지만 원인이 하나 더 있다. 윗잇몸에 뼈가 자라고 있어서다.

입 안에 뼈가 자란다는 생각을 못했다. 6년 전 어느 날 입천장을 만져 보니 오른쪽 윗잇몸 대구치(절구통 치아) 옆에 뼈가 툭 튀어 나왔다. 이 뼈를 발견한 후 깜짝 놀라 치과에 갔다. 의사는 심하지 않으면 뼈를 자르는 수술은 안 하는 게 낫다고 한다. 나중에 틀니를 할 때 불편할 거라고. 하지만 자라는 뼈가 있으니 양치질이 깨끗하게 되지 않아 잇몸에 염증이 생긴 것이다.

오늘, 남편이 퇴직했습니다

남편 퇴직과 이사를 평계로 치과에 안 간 지 3년이 됐다. 사실 당장 아픈 병이 아니면 생활비를 줄여야 한다는 강박이 있었다. 미련을 떤 것이다. 치과 정기검진은 생활비를 줄이는 품목이 아니다. 50대 이후 나이가 들수록 고쳐야 할 곳이 한두 군데가 아니다. 그중 이(齒)는 가장 먼저 치료해야 하는데 큰 병이 아닌 이상 돈이 없다고 뒤로 미룬다.

건강한 치아는 흔히 오복 중의 하나라고 한다. 거꾸로 생각하면 복을 좌우할 만큼 몸에서 중요하다는 뜻이다. 요즘은 국민의료보험이 되니 웬만한 병은 보험으로 고치는데 치아 치료는 개인이 부담하는 비용이 높다. 그래서 다른 사람과 대화할 때 치아를 유심히 보게 된다. 치아가 가지런히 있으면 돈에 여유가 있고 건강하다는 증거로 느껴진다. 자연의학을 공부하여 되도록 병원에 안 가는 몸을 만들려고 노력 중이다. 하지만 치과 치료는 음식을 조절해서 해결되지 않는다. 치실·치간 칫솔로 사이사이를 잘 닦고 정기적으로 검진을 받고 조기 치료하는 것이 절약하는 비결이다. 골고루 먹고 적당히 움직여 면역력을 키워야 한다.

치과에 예약하니 남편도 같이 해달란다. 육십이 다 되어 가는데 혼자서는 치과에 무서워서 못 간다. 내가 손잡고(!) 가야 간다. 외국에 살 때도 내가 먼저 치과에 씩씩하게 가면 같이 갔다. (다 아시겠지만 외국어 실력이 중요한 게 아니라 용기가 있어야 한다^^) 옆에 있어주고 따라다녀야 치료를 했다. 사실 유명 연예인이 광고하는 잇몸약은 염증은 가라앉히지만 근본 치료는 아니다.

남편은 시립병원에서 보철을 했다. 예약이 어렵고 많이 기다려야 하는 점이 불편했다. 두 달 후 나는 동네 치과에서 금니를 했다. 가격 비교를 해보니 시립병원이 동네 치과보다 10만 원 정도 쌌다. 그러나 시립병원은 2차 병원이라 접수비를 따로 받고 각각 케이스별로 다를 수 있다. 그래서 치과는 3군데 정도 견적을 받아보는 게 좋다.

[치아 건강 챙기기 Tip]

갱년기 이후 면역력이 떨어지면 잇몸병이 온다

잇몸이 아프면 빨리 치료한다

부부 두 사람 다 치과 정기검진은 필수다

오늘, 남편이 퇴직했습니다

무엇을 얼마나 먹느냐가
운명을 바꾼다

퇴직 후 '뭘 하려고 해도 잘 안 풀리네. 몸도 예전 같지 않고' 하는 생각이 들 때가 있다. 지금과 다르게 살고 싶다는 신호다. 이럴 때 두 가지 반응이 나온다. 낙천적인 사람은 '상황이 매일 똑같겠나? 언젠가는 풀리겠지' 하는 생각으로 스스로를 볶아 대지 않는다. 참고 견딘다. 하지만 마음이 자주 흔들리는 사람은 언제쯤 좋아지는지 어디 가서 물어보고 싶어진다. 사주보는 철학관, 용하다는 점집에 가볼까 하는 생각이 든다.

또한 고혈압. 당뇨병 등 만성병 증상이 나타나고 과체중에 몸이 나른하고 컨디션이 안 좋아지면 병원과 약에 의존하게 된다. 좋다는 약의 유혹에 넘어가 고가의 약을 사기도 한다. 건강 검진을 받거나 피트니스 센터, 다이어트, 여유 있으면 주치의와 상담을 한다. 병원에 다니는 것을 자랑하듯 말하는 사람도 있다.

마음이 약해질 때 철학관이나 점집에 가는 건 돈 지불하고 내 말을 들어 달라는 의미가 있다(적어도 나에겐). 철학관은 답답한 마음을 푸는 애달픈 창구다. 그리고 돈이 언제쯤 들어오는지 형편이 언제 풀리는지 본인 노력 여부와 상관없이 궁금한 것을 묻는다. 로또를 바라는 마음과 비슷한 것 같다.

반면, 몸이 약해지면 눈에 번쩍 띄는 게 건강 관련 방송이다. 요즘은 건강정보 천국이다. 지상파에 종편채널에 유튜브까지. 건강프로그램이 셀 수 없이 많다. 텔레비전에서는 일주일에 50여 개의 건강프로그램이 방영되어 취향대로 골라볼 수 있다.

건강프로그램에서 소개한 재료만 있으면 병이 나을 것 같아 방송 후 바로 경동시장, 약령시장을 찾아가는 사람도 있다. 제기동 ○약초원 사장님의 말에 따르면, 한때 어성초가 좋다는 말에 약령시장에 새벽부터 줄서서 기다려도 어성초를 구하지 못할 만큼 인기였다고 한다. 그 정도로 건강에 좋다는 말에 혹한다.

퇴직 후 철학관을 찾아갔지만 마음이 시원하게 뚫리지 않는다면? 약초를 구하고 피트니스 센터, 다이어트를 해도 몸 건강이 그대로라면? 마음과 몸을 바꾸고 싶을 때는 어떻게 하면 될까? 무리하지 않으면서 운명을 바꾸는 방법이 있다. 의외로 평

오늘, 남편이 퇴직했습니다

범하다.

운명을 바꾸는 것은 일상이다. 본인이 매일 먹는 식사량에 답이 있다. 먹는 양에 따라 그 사람의 빈부, 수명, 그리고 미래 운명까지 알 수 있다. 너무 단정적인 게 아니냐고 반박할지 모르겠다. 하지만 음식을 절제해 운명을 바꾼 대표적인 사람이 있다. 일본의 전설적인 관상가인 미즈노 남보쿠(水野南北, 1757~1834)가 이를 증명한다. 그는 평생 제자가 3,000명 이상이고 관상 보는 사람마다 백발백중 맞았다고 한다.

남보쿠는 부모님이 일찍 돌아가셔서 삼촌 집에서 자랐는데 10살 때부터 담배, 술, 도박을 하고 18살에 감옥에 갔다. 그는 관찰력이 뛰어나 감옥에 들어오는 사람들 모습이 평범한 사람들과 많이 다르다는 것을 발견했다. 감옥에서 나오자 자신의 운명이 궁금해 관상가를 찾아갔다.

"1년 안에 칼에 맞아 죽을 관상이니 이 길로 속히 절에 가서 출가를 청하시오."

관상가 말에 남보쿠는 가까운 절에 가서 출가를 원했다. 하지만 주지승은 "중이 되는 것은 아주 힘든 일이오. 앞으로 1년 동안 보리와 흰콩으로만 식사를 하고 다시 돌아오면 그때 받아주겠소"라며 돌려보냈다.

남보쿠는 살기 위해 보리와 흰콩만을 먹고 술을 끊었다. 1년을 넘기고 다시 출가하러 가던 길에 죽음을 예언했던 관상가를 찾았다. 그는 크게 놀라며 물었다.

"완전히 관상이 바뀌었소. 어디서 큰 덕을 쌓았소, 아니면 사람의 목숨을 구했소?"

"생명을 구한 일은 없지만, 스님 말씀 따라 보리와 흰콩만 먹고 1년을 살았습니다."

"식사를 절제한 것이 큰 음덕을 쌓았구려. 그것이 당신을 구했소!"

남보쿠는 젊을 때 죽을 운명이었는데 관상이 바뀌자 운명이 바뀌었다는 말을 듣고 스님이 되기보다 관상가가 되는 길을 걷는다. 그때부터 이발사 3년 하면서 두상(頭相), 목욕탕 때밀이 3년으로 체상(體相), 화장장 인부 3년으로 골상(骨相)을 미친 듯이 연구했다. 연구 결과, 거친 음식과 소식(小食)이 운명을 바꾼다는 점을 깨닫게 됐다.

자연건강법의 하나인 니시건강요법에서는 적게 먹는 소식을 강조한다. 조식(粗食, 거친 음식)과 소식(小食)이 운명을 좌우한다는 점을 대학원 자연건강학과에서 공부하면서 배웠다. 수업을 듣고 '아~ 나에게 온 좋은 기회구나. 내 마음과 몸을 바꾸는

오늘, 남편이 퇴직했습니다

데 적용해야겠다' 하고 첫날부터 소식을 실천했다. (어떤 말은 운명처럼 내 몸에 착 달라붙을 때가 있다) 아침은 안 먹고 하루 두 끼는 평소 먹는 양의 절반만 먹는다. 저녁밥 먹은 후 18시간 안 먹으면 건강해진다. (간헐적 단식) 이 방법만으로도 웬만한 만성병은 낫는다. 18시간 단식을 하면 그동안 쌓여있던 숙변이 나온다. 18시간 굶으면 시르투인이라는 호르몬이 나와 몸 안에 쌓였던 독소와 노폐물을 정화한다.

한 달 적게 먹으니 3kg, 두 달에 5kg이 빠졌다. 그토록 빼기 어렵다는 내장 뱃살이 빠졌다. 몸에 딱 맞는 정장 재킷을 입고 강의하러 가니 담당자가 깜짝 놀랐다. "선생님 너무 달라졌어요." 자신감이 쑥 올라갔다.

동의보감 강의 시간에는 먹기 명상을 실시한다. 먹기 명상은 일곱 가지의 야채, 과일을 하나씩 천천히 먹으면서 음식 본래의 맛을 느끼는 시간이다. 이 음식 준비할 때 남편이 야채를 맛보고 그때부터 점심 도시락은 생채식으로 가져간다. 생고구마 5조각, 양파 1/2개, 오이 4조각, 당근 4조각, 총 250그램 정도다. 야채는 그때그때 다르게 한다. 아침 전철역에서 파는 김밥 한 줄 같이 먹으면 가뿐한 점심이 된다고 한다. 퇴직자가 밖에서 먹는 밥값과 뭘 먹을까 하는 고민이 해결됐다. 채식을 주로 하니 덤으로 남편이 순한 양처럼 바뀌고 있다.

식사를 절제할 수 있는 사람은 다른 욕망을 절제할 수 있다.

식사를 절제하는 일은 마음에 안정을 주고 몸을 보살피는 근본이다. 그렇기 때문에 웬만한 일에 흔들리지 않는다. 적게 먹고 간단하게 먹는 것을 실천하면 피가 깨끗해진다. 피가 깨끗하면 만병을 예방한다. 건강하면 마음먹은 일 한 가지는 가능해진다.

일이 잘 안 풀릴 때 이제는 용하다는 곳에 고개를 돌리지 않는다. 몸이 뻐근할 때 병원에 가지 않고 동네에 설치된 운동기구를 이용한다. 내면이 바뀌지 않으면 외부에서 아무리 좋은 조언을 듣고 좋은 약과 음식을 먹는다고 변화할 수 없다. 적게 먹는 식사 습관으로 운명을 바꾸어가고 있다. 운명이 바뀌는 기본 필살기는 꾸준히, 규칙적으로, 즐겁게 하기다!

[음식 절제로 운명 바꾸기 Tip]

음식을 절제하면 운명이 바뀐다

적게 먹으면 피가 깨끗해진다

건강하면 마음먹은 일이 가능하다

출렁거렸던 뱃살이
들어가다

　남편은 택배분류, 육체노동을 한다. 더불어 원광디지털대학교 동양학과에서 한 학기 24학점을 듣는다. 두 가지를 해내느라 다른 생각을 할 틈이 없다. 저녁에 누구 만나서 한 잔 할 시간이 없다. 오전에 수업 듣고 오후 4시부터 저녁 11시까지 일하기 때문이다. 집과 일하는 곳을 오고가는 데 2시간, 일과 공부 병행으로 푹 쉴 시간이 없다. 주말에 8시 넘어 일어나는 게 본인에게 주는 달콤한 휴식이다.

　남편은 27년간 회사인간으로 살았다. 퇴직 전에는 비서와 기사까지 있는 관리직이었다. (이제는 까마득해 전생에 그런 일이 있었나? 믿기지 않는다) 그런 자리에 익숙하면 남에게 시키는 안 좋은 습관이 붙는다. 말만 하면 뚝딱 KTX승차권, 출장 비행기표가 준비되는 줄 알았다. 미국 대통령을 지낸 분이 백악관을 나오자 다이얼 전화를 어떻게 거는지 몰랐다는 것처럼 고속버스 예매, 인터넷쇼핑도 시간과 품이 드는 일인 줄 몰랐다. 조직에서 튕겨 나와 혼자가 되면 금방 사람이 달라질까?

퇴직 1년이 지나도 대기업에 있었던 기름때가 빠지지 않았다. 집에서도 말만 하면 일이 되는 줄 알고 가족에게 비서처럼 말했다. "국내여행 알아봐라. 버스표 알아봐라. 자료 찾았나? ○○준비했나?" 주문이 쏟아졌다.

남편 본인은 명령이 아니고 너무나 자연스럽게 흘러나오는 말이었다. 하지만 남편의 요청을 원하는 대로 들어주면 공부는, 내 일은 언제 다 하겠는가. 남편이 하는 말(명령)에 다시 생각해보라고 했다. 이제 더 이상 비서도 없고 기사도 없다고 몇 번을 말했다. 고쳐지지 않았다. 마치 의사가 당신 담배 안 끊으면 몇 년 안에 죽는다고 무섭게 조언하지 않는 이상 못 끊는 것처럼. (그래도 피우는 분은 있다, 어쩌겠는가) 수중에 쓸 돈이 있으면 사람은 안 변한다.

남편이 요구해도 자립 훈련을 위해 바로 해주지 않았다. 약속한 전철역을 검색해서 찾아가기 시작했다. 남편 재취업을 위해서 사이트를 뒤졌다. 인재뱅크, 구인구직란, 워크넷, 구청 일자리센터 등, 구석구석 서핑하고 직접 찾아가 보았다. 정작 본인은 찾겠다는 말만 할 뿐 취업사이트를 열어보지 않았다. 1년

오늘, 남편이 퇴직했습니다

후 눈치 챘다. 본인이 취업 현장 방문과 자기소개서를 온라인에 띄우는 관심이 없으면 아내가 설레발치는 일은 아무 소용이 없다는 것을. 돈이 없어야 똥줄이 타고 움직이기 시작한다.

똥줄이 타는 시간이 서서히 다가왔다. 남편은 퇴직 후 2년 동안 구청 약초교실, 농업 전문학교 수경재배, 50플러스센터 창업반 수업을 들었다. 시립 도서관에서 인문학, 주역공부를 했다. 어떤 공부든 열심히 했지만 돈을 버는 일과 연결되지는 않았다. 개구리가 뜨거운 물에 서서히 잠기는 것 같았다. 통장은 바닥을 쳤다.

하지만 성실하면 한 번은 기회가 오는가 보다. 내가 무모하게 벌인 감초농사 일을 하면서 동료(조합원)를 알게 됐다. 같이 일하면서 게으름을 피우지 않았다. 안 해본 농사일이라 허리가 끊어질 듯 아팠지만 열심히 했다. 다행히 "니가 일을 만들어서 이런 고생을 하잖아"라는 원망을 하지 않았다. 일을 하면서 인정받았나 보다. 그 동료가 택배 일을 먼저 했는데 같이 일하자고 연락이 왔다. 덕분에 남편은 택배 일을 하게 됐다.

남편은 일 시작 후 처음 일주일간은 일한다고 나에게 알리지 않았다. 다만 좀 늦게 올 거라고 했다. 혹시 말했다가 힘들다고 그만두면 본인에 대한 신뢰가 떨어진다고 생각했던 것 같다. 그런데 3개월 견디고 6개월 이상 쭉 일을 했다. 일을 하니 일주일마다 통장에 돈이 들어왔다. 어떤 일이든, 어디서든 일할 수 있다는 자신감이 생겼다.

퇴직 후 5년이 흘렀다. 영업 실적을 위해 접대하고 머리를 썼던 일에서 벗어나 육체노동을 한다. 회사조직에서 정신노동 할 때보다 마음이 훨씬 편하다고 한다. 그 대신 한 학기 24학점 따느라 오고 가는 전철에서 수업 내용을 외우고 있다. 공부를 빡세게 해서 장학금을 받는다. 공부와 육체노동을 병행해서 일상의 균형을 유지하고 있다. 중년 남성의 출렁거렸던 뱃살이 땀 흘리는 일을 하면서 쏙 들어갔다. 몸매가 섹시해 보인다!

대학을 다시 다녀 무엇이 될 거란 보장은 아무것도 없다. 대학입학 등록을 할 때는 3학년이 되면 길이 보이지 않을까 기대했다. 지금 3학년이다. 여전히 앞일은 모른다. 다만 공부가 좋아서 계속한다. 앗~ 한 가지 잊을 뻔했다. 남편은 BTS 열혈팬이다. 아재 방탄팬으로 기여하고 싶은 꿈이 하나 생겼다. 세계 방탄팬Army들이 한국문화를 좋아한다. 동양사상을 깊이 알고 싶어하는 친구들이 많아졌다. 남편은 BTS팬들을 도와주고 싶단다. 방탄 노래 가사에 나오는 운명, 우주의 의미와 동양사상을 이해하기 쉽게 전해주는 새로운 꿈이 있다.

[변화의 터닝 포인트 Tip]

똥줄이 타면 바뀐다

성실하면 기회가 온다

일하면 자신감이 생긴다

에필로그

어항을 떠나 강물을 누비는
물고기처럼

나는 64년생이다. 베이비부머이자 전업주부다. 남편의 퇴직은 지금까지의 삶을 크게 바꾸는 계기가 됐다. 가장 큰 변화는 다른 사람을 보는 시야가 넓어졌다는 점이다. 특히 주체적인 삶을 표현하는 여성들이 눈에 띈다.

최근 가장 눈에 띄는 여성은 유튜버로 유명한 박막례 할머니다. 그녀는 47년생으로 배고픈 보릿고개를 지나 고생하며 자식들을 키우고 71살까지 43년간 식당을 운영했다. 칠십이 넘은 나이지만 자신이 느끼는 대로 하고 싶었던 것을 솔직하게 표현한다. 또 한 여성은 『82년생 김지영』에 등장하는 30대 '김지영'이다. 그녀는 직장에서 받는 여성 차별과 경력 단절의 쓴맛을 친정어머니에 빙의해 표현한다.

박막례 할머니, 나(박경옥), 그리고 김지영. 이 세 여성은 거칠게 표현하자면 20년 간격으로 시대의 변화를 대변한다. 나의 경우 박막례 할머니처럼 공부를 못한 한은 없다. 보릿고개 이후의 세대이기 때문이다. 생활이 어렵긴 했지만 대학을 졸업할 수 있었다. 김지영이 겪은 경력 단절도 없다. 남편의 회사생활을 내조하며 국내와 외국을 옮겨 다녔다. 남편이 승진하면서 한 단계씩 올라설 때 스스로 중산층에 속한다고 생각했다. 편안한 인생이 계속 될 거라 착각했다. 착각은 모래성과 같다. 오래 가지 못하고 허물어진다. 남편 퇴직 이후 인생에 직격탄을 맞았다. 나와 같은 세대 여성들은 비슷한 어려움을 겪으리라 생각한다.

결혼 후 편안함에 익숙해졌다. 나는 유독 추위를 많이 탄다. 한의사와 상담하니 스스로 몸을 움직여야 추위에서 벗어날 수 있다고 한다. 동네 미장원 어항 속 구피 한 마리가 나를 닮았다. 구피는 여름을 뺀 세 계절을 열선을 간 어항에 살아야 몸이 얼어붙지 않는다고 한다. 나의 열선은 남편의 월급이 아니었을까. 이제 어항을 나와 강물을 따라가는 물고기가 되고 싶다. 세상이라는 험한 풀을 헤치고 내 힘으로 먹이를 구하는 자유로운 물고기!

글을 쓰게 된 이유는 주체적으로 살기 위해서다. 나를 이해하기 위해서다. 남편 퇴직 후 이기적인 생각과 행동을 하는 나

자신이 부끄러울 때도 있었다. 하지만 그것도 내 모습이다. '나'를 이해하지 않고는 타인을 이해할 수 없다. 내 마음이 넉넉할 때, 비로소 다른 사람을 받아들일 마음의 공간이 생길 것이다.

글을 쓰고 책을 쓰면서 자유롭게 살려면 두 가지가 있어야 함을 알게 됐다. 그것은 책임과 존중이다. 책임은 본인이 사용한 물건을 제자리에 돌려두는 것이며 자신의 밥벌이를 하는 것이다. 존중은 있는 그대로 바라보고 인정함을 의미한다. 가까운 사이일수록, 특히 배우자를 바라볼 때 있는 그대로를 인정 못하고 자기 방식대로 고치려 한다. 그건 존중이 아니라 강요에 가깝지 않을까. 나 자신을 자유롭게 하기 위해, 상대방을 먼저 자유롭게 해주자.

오늘, 남편이 퇴직했습니다

부록

퇴직 후 재무 상태 체크하기

1. 현재 재무 상황

구분	본인	배우자
부동산		
퇴직금		
개인 연금		
기타 수익		
주식		
펀드		
자동차		
합계		

2. 현재 지출

구분	본인	한 달 기준 (만 원)	배우자	한 달 기준 (만 원)
대출 상환				
관리비				
국민연금				
의료보험				
민간보험				
통신비				
의료비(보철)				

세금(재산세)				
자동차보험 · 세금				
실비 보험				
식비				
부모님 생활비				
자녀 교육비				
문화 활동비				
품위 유지비 (밥값)				
본인 교육비				
여행비				
경조사비				
건강 관리비				
기타				
합계				

3. 부채상환 및 저축

종류	상환 기간	한 달 입금액	잔액
주택담보대출			
마이너스대출			
자동차할부금			
저축			
저축			

4. 자녀 결혼자금, 상속, 증여 계획

종류	언제	비용	어떻게
결혼자금			
상속			
증여			
기타 (해외유학비)			

오늘, 남편이 퇴직했습니다

나를 있는 그대로 바라보는 10가지 질문

1. 현재 상황: 하루 일과

2. 건강(만성병 관리, 정신적 건강, 체중관리 포함)

3. 가족 구성(본인+배우자, 배우자+자녀) + 5년 사이에 예상되는 변화(자녀 대학 졸업, 자녀 독립, 자녀 결혼 등)

4. 내가 잘한 결정

5. 내 인생의 터닝 포인트(전환점)

6. 현재 삶에 만족하고 있는 내용

7.사회적 지지(종교, 동창, 사회단체, 가족 지지): 사랑, 이해, 격려, 관심, 정서적 지원, 물질적 지원, 충고나 조언, 정보 제공, 취미, 여가 공유 등을 1~10까지 숫자로 나타내고 어디서 어떤 지지를 받는지 구체적으로 써본다.

8.잘할 수 있는 일(유머, 공부, 운전, 주말농사, 동영상 촬영, 모임 주선, 봉사활동 등)

오늘, 남편이 퇴직했습니다

9. 5~10년 후 하고 싶은 일, 나의 관심 분야

10. 나는 ○○한(의미 있는) 사람이 되고 싶다

나의 인생연대표[1] 써보기

1기: 출생에서 결혼 · 출산 육아까지 (예시. 박경옥 작성)

연대		1964-70년	1971-77년	1978-84년	1985-91년	1992-98년
나이 구분		여자 0-7세	여자 8-14세	여자 15-21세	여자 22-28세	여자 29-35세
		남자 0-8세	남자 9-16세	남자 17-24세	남자 25-32세	남자 33-42세
시기		유년기	초중등기	고등 대학	사회 진출	결혼 · 출산
내게 어떤 일?		8남매 중 막내로 태어남. 전기 안 들어옴. 모시, 삼베옷 입음.	초등 입학. 부스럼이 많았음. 물동이 이고 다님	시골생활을 벗어나 대학에 가는 게 지상목표. 대학교 입학	경제 자립. 서울에서 직장생활. 500만 원 전셋돈 마련.	삼천포 남자와 중매결혼, 연년생 두 아들 출산.
외부 세계	한국	박정희 정부. 새마을운동.	경제개발 5개년계획. 남북 공동성명, 10월 유신.	전두환 정부. 아시아경기 대회.	6월 민주항쟁. 88올림픽	한중수교. 김일성 사망.
	세계	66년 중국문화대혁명. 68혁명. 69년 아폴로 달 착륙	75년 베트남 전쟁 끝. 72년 닉슨 중국방문.	미 · 중 국교 정상화.	베를린 장벽.	UR라운드. 홍콩 반환.
영향 준 사람		엄마: 간섭하지 않음. 자유 방임교육	아버지: 신용 · 약속을 지키는 사람	둘째, 셋째 오빠: 대학등록금을 내줌	친구: 취미활동을 같이하다	두 아들: 부모가 되다.

---

1 여자와 남자 나이 기준이 다르다. 이유는 여자와 남자의 생물학적 변화가 다르기 때문이다. 『황제내경, 소문편』(『동의보감, 내경편』에서 인용)에 보면 여자는 7의 배수로 몸이 변하고, 남자는 8의 배수로 몸이 달라진다. 남녀 몸이 변하는 시기가 『황제내경』에서 말한 내용과 현대인들과 거의 비슷해서 적용한다.

당시 생각	언니들이 따뜻하게 해 줬다.	소를 내가 맡 아서 키움, 아 버지가 일을 많이 시킴.	공부를 하면 대학갈 기회 가 오는구나.	월급은 적었 지만 독립하 기 위해 돈을 모았다.	남편의 안정 된 월급. 첫 아파트장만.
지금 느낌	잘 기억나지 않음	정신적으로 엄마와 분리 되는 시기	'나'로 살기 위해 준비	일하고 노는 자유로운 시기	가족 이루다.
만족도 (1~10점)	4	5	7	8	8

2기: '나'를 찾는 시기(예시. 박경옥 작성)

연대		1999년- 2005년	2006-12년	2013-19년	2020년 이후
나이 구분	나이	여자 36~42세	여자 43~49세	여자 50~56세	여자 57세 이후
	구분	남자 43~48세	남자 49~56세	남자 57~64세	남자 65세 이후
시기		자녀교육	자아찾기	자아독립	자아성숙
내게 어떤 일?		스페인 4년 생활. 돈이 모인 시기	네덜란드 3년. 평촌아파트 38평 사다. 남편 임원승진	남편 퇴직하고 나는 강사되다.	은퇴부부 전문가. 강연가. 작가
외부 세계	한국	IMF시기. 노무현 정부. 고속철도	이명박 정부. 촛불시위	박근혜 정부. 싸 이, BTS세계진출.	?
	세계	미국 세계무역센 터피폭. 유로화 사용	금융위기	남북 정상만남. 북미대화	?
영향 준 사람		외국친구: 스페인어공부	큰아들: 공부 강요했다	남편: 퇴직	친구, 지인: 서로 돕는다

당시 생각	외국생활에 잘 적응. 스페인어 익숙해지려고 공부 매일함.	자식농사에 고민. 섣부른 투자.	내리막 시작. 남편 퇴직, 나는 뭘 할 수 있나? 16평으로 집을 줄임.	부부 따로 또 같이 가는 인생.
지금 느낌	어디에 가든 현장에서 열심히 사는 게 인생 즐기는 방법	사춘기 아들을 어떻게 키우는지 모르고 강요함.	남편은 퇴직. 두 아들은 취업으로 경제독립. 순리대로 산다.	기족을 넘어 사회와 나누는 시기.
만족도 (1-10점)	9	9	8	?

오늘, 남편이 퇴직했습니다

2. 지금의 '나'를 이해하기 위한 인생연대표
(직접 써보세요)

1기: 출생에서 결혼·출산·육아까지

연대					
나이 구분	여자 0-7세 / 남자 0-8세	여자 8-14세 / 남자 9-16세	여자 15-21세 / 남자 17-24세	여자 22-28세 / 남자 25-32세	여자 29-35세 / 남자 33-42세
시기	유년기	초·중등기	고등·군대 시기	사회진출	사회활동
인생 곡선 — 고					
인생 곡선 — 저					
내게 어떤 일?					
외부 세계 — 한국					
외부 세계 — 세계					
영향 준 사람					
당시 생각					
지금 느낌					
만족도 (1–10점)					

2기: '나'를 찾는 시기

연대				
나이	여자 36-42세	여자 43-49세	여자 50-56세	여자 57세 이후
구분	남자 43-48세	남자 49-56세	남자 57-64세	남자 65세 이후
시기	자녀교육	자아 찾기	자아성찰	자아성숙
인생 곡선 고				
인생 곡선 저				
내게 어떤 일?				
외부 세계 한국				
외부 세계 세계				
영향 준 사람				
당시 생각				
지금 느낌				
만족도 (1-10점)				

오늘, 남편이 퇴직했습니다

의미 있는 미래를 위한 점검 프로젝트 1

1. 작년 한 해 돌아보기

잘했던 일 · 경험
1.
2.
3.

웃음이 나오는 긍정적인 일
1.
2.
3.

지속하고 싶은 일
1.
2.
3.

반복하고 싶지 않는 실수
1.
2.
3.

올해 변화를 주고 싶은 일

1.

2.

3.

나는 무엇을 할 때 뿌듯함을 느끼는가?

1.

2.

3.

그밖에 본인이 잘하는 점이 무엇인가요?

1.

2.

3.

오늘, 남편이 퇴직했습니다

의미 있는 미래를 위한 점검 프로젝트 2

1. 5~10년 후 준비하기

5년 전 선택한 일을 몇% 이루었나?

이제는 하지 말아야 할 것은?

내 삶에서 소중한 가치는 무엇인가?

지금 해야 할 일은?

집중해서 잘할 수 있는 일은?

내가 앞으로 간절히 원하는 일은?

같이 할(도움을 주고받는) 사람은?

의미 있는 미래를 위한 점검 프로젝트 3

1. 내 삶에 중요한 키워드에 동그라미 표시하기

마음건강, 몸 건강, 사랑, 믿음, 감사

경제독립, 성장, 여유, 배움, 용기

웃음, 즐거움, 함께 있기, 공감, 행복

여행, 책읽기, 악기 연주, 그림 그리기, 합창

성장, 다양성, 진리 탐구, 공부, 열정

도움, 배려, 용서, 아름다움, 깨달음

협력, 도전, 이끔, 정의로움, 가르침

※ 그밖에 나에게 소중한 말?

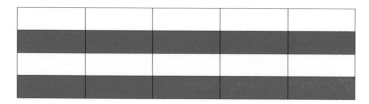

오늘, 남편이 퇴직했습니다

은퇴 후를 즐겁게! 퇴직설계 3대 영역

퇴직 설계 대 영역 보기	언제	동반자
건강 설계: 병원 안 가는 몸 만들기– 세까지 내 발로 걷는다		
1. 건강한 관계 배우자: 정서 × 스킨쉽 자녀: 거리 두기 친구 : 서로에게 배운다 사례 : 남편 퇴직 5년 차, 부부 협력, 성장하고 있다		
2. 건강한 마음 분노 조절: 역지사지 평생 현역: 활기찬 인생 자빽하기: 자기 존중감 up!		
3. 건강한 몸 일상 즐기기 / 음식 절제 / 어디서나 주인 되기		
은퇴 설계: 퇴직 후 어떻게 살지?		
1. 내가 빠져드는 일이 자산이다: 다른 사람과 나누기		
2. 내가 가장 잘하는 것, 하고 싶은 일이 노후의 큰 자산		
3. 세상은 움직인다: 1년마다 재점검 (명함 다시 만들기)		
생애 설계: 나이마다 다르게 펼쳐지는 인생		
1. '나이가 있어서' 라는 말은 85세 이전에는 어울리지 않는다		
2. 호기심이 젊게 사는 비결이다		
3. 뭐든지 할 수 있다: 노후를 즐겁게 사는 비결		

건강, 아는 만큼 즐겁다!
(배우자와 함께 건강 지키기)

몸 · 마음 관리, 알아두면 좋은 공공기관

장소	주요 업무
보건소	건강진단: 소변, 대변, 피검사, X-레이로 결핵, 이질, 장티푸스, 전염성피부질환 검사. 취약계층 건강유지증진 정신건강증진, 건강검진, 만성질환관리, 구강보건사업. 인바디(체성분), 대사증후군 검사, 한의사, 치과의사 있음(보건소 확인 필요)
국민건강보험	건강in 건강정보, 건강자료. 의약품정보, 건강생활
마음건강센터	성인 정신 건강지원사업: 조현병, 조울증, 우울증, 알코올중독. 수면장애, 식이장애 지원사업. 마음건강 콘서트. 영화와 함께하는 힐링토크
치매안심센터	보건소 연관, 치매 조기검진, 치매 맞춤형서비스
국민체력	국가지정 공인인증기관, 체력측정, 체력평가, 운동처방 및 체력인증 수행기관. 근력, 지구력, 심폐지구력, 유연성, 순발력 향상 도움 됨
정신건강센터	마음이 건강한 노년: 정신건강 예방교육, 알코올 중독관리, 자살 예방사업. 개인의 정신건강에 초점, 상담 지원
건강 증진센터	주로 대학병원이나 대형병원에서 운영하는 건강검진 기관
건강가정지원센터	가족관계, 대인관계, 개인의 심리 및 적응 상담, 진단치료가 아닌 우울로 인한 대인관계 심리회복에 중점
+캠퍼스강좌	각종 건강강좌, 특강, 중년남자 요리교실, 춤 테라피 등

오늘, 남편이 퇴직했습니다

'나'의 건강체크 리스트

종류	체크사항	실천	좋은 점
체중 재기	정기적인 허리둘레 체크, 비만 예방	매일~ 1주일	허리둘레 줄어듦
건강검진	기본 검진 2년 주기, 위, 대장내시경, 초음파는 5년 주기, 66세 이상은 생애주기별 건강검진	검진	큰 병 예방, 만성병 관리
일 □식	적게 먹는 것이 건강의 기본이다	하루 2식	체중 줄고 자신감
치아검진	6개월 한 번 검진, 잇몸질환 치료	스켈링. 잇몸 통증 있을 때 치과가기	치과 세 군데 중복체크
대변체크	대변으로 건강관리	5번 씹어 통곡물 안 나오게	대변을 매일 보면 비만방지
소변체크	맑은 색 오줌이 나올 때까지 물을 많이 마시는 것이 좋다	매일 물 2L	적당한 양의 소금섭취
마음공부	화냄, 지나친 기쁨, 생각 많음, 슬픔, 두려움, 공포에 대한 내 마음 알아차리기	알아차리고 내려놓기	감정이 흘러가게 둔다
건강공부	내 몸 공부로 의료비 줄이기	건강수업 참여	아는 만큼 의료비 줄인다
친구대화	대화와 수다는 정신건강에 좋다.	수다는 치유다	취미가 맞으면 더 좋다
감정	일이나 상대방 말에 대한 느낌. 행동을 일으키는 기분, 분위기	감정을 있는 그대로 인정	감정을 확대·축소하지 않는다
정서	위협이나 자극이 올 때 심리적, 신체적 반응. 현실인식을 하고 있는지, 정서불안 있는지 체크	단순한 것보다 섬세하고 안정되게.	기대를 하지 않는다. 주변 정리정돈. 환경을 쾌적하게
의료비	1년 비용 기록, 대처	병원비 예상	효율적 건강관리

체력증진	6개월에 1회, 국민체력100에서 확인	유연성, 순발력, 근력, 심폐력 기른다	건강나이 유지
하루 걷기	대중교통이용. 계단 오르기	전철·아파트계단이용.	일상이 운동
자연치유	자연 면역력과 유쾌한 마음으로 이겨낸다	감기초기에 예방	병원비 줄이기, 내 몸은 내가 주인이다.

오늘, 남편이 퇴직했습니다

상대방을 이해하고 좋은 관계를 위한 변화기록표

이름: 나이: 남/여   날짜:

(6개월에 한 번씩 기록하면 변화를 관찰하기 좋다. 본인에 맞는 기간을 정해도 된다)

구분	내용
상대방 성장배경	
성격특징	
상대방의 좋은 점	
상대방에게 기대하지 않는다	
자주 하는 말	
그 말에 내 느낌	
상대방이 원하는 것	
같이 할 수 있는 것	

오늘, 남편이 퇴직했습니다

초판 1쇄 인쇄 2019년 7월 26일
초판 1쇄 발행 2019년 7월 31일

지은이 박경옥
펴낸이 이수철
본부장 신승철
주　간 하지순
디자인 오세라
마케팅 안치환
관　리 전수연

펴낸곳 나무옆의자
출판등록 제396-2013-000037호
주소 (03970) 서울시 마포구 성미산로1길 67 다산빌딩 3층
전화 02) 790-6630 팩스 02) 718-5752

페이스북 www.facebook.com/namubench9
인쇄 제본 현문자현

ISBN 979-11-6157-065-5 03320